Das rote Lachen

Fragmente einer aufgefundenen Handschrift

Leonid Nikolajewitsch Andrejew

Impressum

Autor: Leonid Nikolajewitsch Andrejew
Übersetzung: August Scholz
Umschlagkonzept: toepferschumann, Berlin

Verlag: tredition GmbH, Hamburg
ISBN: 978-3-8424-6769-9
Printed in Germany

Ziel der TREDITION CLASSICS ist es, tausende deutsch- und fremdsprachige Klassiker wieder in Buchform verfügbar zu machen. Die Werke wurden eingescannt und digitalisiert. Dadurch können etwaige Fehler nicht komplett ausgeschlossen werden. Unsere Kooperationspartner und wir von tredition versuchen, die Werke bestmöglich zu bearbeiten. Sollten Sie trotzdem einen Fehler finden, bitten wir diesen zu entschuldigen. Die Rechtschreibung der Originalausgabe wurde unverändert übernommen. Daher können sich hinsichtlich der Schreibweise Widersprüche zu der heutigen Rechtschreibung ergeben.

Text der Originalausgabe

Leonid Andrejew

Das rote Lachen

Fragmente einer aufgefundenen Handschrift

Leonid Andrejew

Baronin Bertha von Suttner über »Das rote Lachen«.

(Aus einem Briefe an den Herausgeber.)

»Mit Entsetzen und Jubel habe ich diese gewaltige Dichtung in mich aufgenommen. Mit Jubel, weil mir scheint, daß noch nie eine schärfere und glänzendere Waffe für den Kampf geschmiedet worden, dem mein Leben geweiht ist, als dieses rote Lachen. Es wird der Friedensidee die Geister in Scharen gewinnen. Freilich: die Militärfachleute werden es achselzuckend abtun mit »Übertreibung – Phantasterei – unwahr« – aber die andern werden ergriffen und erschüttert sein, werden fühlen, wie viel Wahres in dem Dichtertraum liegt; werden einsehen, nicht nur, daß der Wahnsinn zu den Krankheiten des modernen Krieges gehört – das ist ja auch beglaubigte Tatsache – sondern daß der Krieg selber ein Wahnsinn ist.

»Gesegnet sei Andrejew dafür, daß er sein blendendes Talent zu diesem Werk benutzt hat – es wird ihm nicht geringe Seelenqual bereitet haben. Nur mit blutendem, zuckendem Herzen kann man solche Dinge schreiben. Aber – als ihm die Schreckensvision aufgestiegen war, wie ein roter Blitz sein Hirn durchleuchtend, da mußte er's niederschreiben. Er wurde dafür – doppelter Ruhm – ins Gefängnis gebracht, aber nachhaltiger und tausendmal größer als seine Strafe wird sein Lohn sein. Einmal hat er sich damit selber befreit, seinem Gewissen genuggetan; zweitens wird die Wirkung nicht ausbleiben. Wenn einst – und das muß ja kommen, wenn unsere ganze Kultur nicht untergehen soll – wenn einst die Welt von diesem größten aller Übel, vom Krieg, erlöst sein wird, so wird Andrejew mit seinem unvergleichlichen Kunstwerk an dieser Erlösung mitgearbeitet haben, wie kein Zweiter.

Bertha v. Suttner.«

Tucholsky Wagner Zola Scott Sydow Fonatne Freud Schlegel
Turgenev Wallace
Twain Walther von der Vogelweide Fouqué Friedrich II. von Preußen
Weber Freiligrath Frey
Kant Ernst
Fechner Fichte Weiße Rose von Fallersleben Richthofen Frommel
Hölderlin
Engels Fielding Eichendorff Tacitus Dumas
Fehrs Faber Flaubert Eliasberg Ebner Eschenbach
Maximilian I. von Habsburg Fock Zweig
Feuerbach Ewald Eliot Vergil
Goethe London
Elisabeth von Österreich
Mendelssohn Balzac Shakespeare Dostojewski Ganghofer
Lichtenberg Rathenau
Trackl Stevenson Doyle Gjellerup
Tolstoi Hambruch
Mommsen Lenz Droste-Hülshoff
Thoma Hanrieder
von Arnim
Dach Verne Hägele Hauff Humboldt
Reuter
Karrillon Rousseau Hagen Hauptmann Gautier
Garschin
Defoe Baudelaire
Damaschke Hebbel
Descartes
Hegel Kussmaul Herder
Wolfram von Eschenbach Schopenhauer
Dickens Rilke George
Darwin Grimm Jerome
Bronner Melville Bebel
Proust
Campe Horváth Aristoteles
Federer
Bismarck Vigny Barlach Voltaire Herodot
Gengenbach Heine
Grillparzer Georgy
Storm Casanova Tersteegen Gilm
Lessing Langbein Gryphius
Chamberlain
Brentano Lafontaine
Claudius Schiller Kralik Iffland Sokrates
Strachwitz Schilling
Bellamy
Katharina II. von Rußland Raabe Gibbon Tschechow
Gerstäcker
Vulpius
Löns Hesse Hoffmann Gogol Wilde Gleim
Luther Heym Hofmannsthal Morgenstern
Klee Hölty Goedicke
Roth Kleist
Heyse Klopstock
Puschkin Homer Mörike
Luxemburg Musil
Horaz
La Roche
Machiavelli Kraft Kraus
Kierkegaard
Navarra Aurel Musset Moltke
Lamprecht Kind Kirchhoff Hugo
Nestroy Marie de France
Laotse Ipsen Liebknecht
Nietzsche Nansen Ringelnatz
Marx
Lassalle Gorki Klett Leibniz
von Ossietzky
May Irving
vom Stein Lawrence
Petalozzi Knigge
Platon Kafka
Pückler Michelangelo
Sachs Kock
Poe Liebermann
Korolenko
de Sade Praetorius Mistral Zetkin

Der Verlag tredition aus Hamburg veröffentlicht in der Reihe **TREDITION CLASSICS** Werke aus mehr als zwei Jahrtausenden. Diese waren zu einem Großteil vergriffen oder nur noch antiquarisch erhältlich.

Symbolfigur für **TREDITION CLASSICS** ist Johannes Gutenberg (1400 — 1468), der Erfinder des Buchdrucks mit Metalllettern und der Druckerpresse.

Mit der Buchreihe **TREDITION CLASSICS** verfolgt tredition das Ziel, tausende Klassiker der Weltliteratur verschiedener Sprachen wieder als gedruckte Bücher aufzulegen – und das weltweit!

Die Buchreihe dient zur Bewahrung der Literatur und Förderung der Kultur. Sie trägt so dazu bei, dass viele tausend Werke nicht in Vergessenheit geraten.

Erster Teil.

Erstes Fragment

... Wahnsinn und Schrecken!

Zum ersten Male ward ich mir dessen bewußt, als wir auf der nach N. führenden Straße dahinmarschierten – zehn Stunden lang ununterbrochen marschierten, ohne einen Augenblick Halt zu machen, ohne das Marschtempo zu mäßigen, ohne die Fallenden mitzunehmen, die in der Gewalt des auf drei, vier Stunden Entfernung hinter uns herdrängenden, die Spuren unseres Rückzugs mit seinen Schritten verwischenden Feindes verblieben.

Es war unerträglich heiß. Ich weiß nicht, wie viel Grad, ob vierzig, fünfzig oder noch mehr – ich weiß nur, daß es eine ununterbrochene, gleichmäßige, intensive Hitze war, die uns zur Verzweiflung brachte. Die Sonne erschien so groß, so glühend heiß und furchtbar, als ob die Erde ihr immer näher rückte und über kurz oder lang von dieser erbarmungslosen Glut verzehrt werden sollte. Die Augen hatten das Sehen verlernt. Die Pupillen hatten sich zusammengezogen, sie waren so winzig klein geworden wie Mohnkörner und suchten gierig das Dunkel im Schatten der geschlossenen Lider. Doch die Sonne durchdrang die dünne Membrane, und ihr blutigrotes Licht fand den Weg in das erschlaffte Gehirn. Aber es war doch immer erträglicher so, als wenn man die Augen offen hielt, und ich marschierte lange, vielleicht ein paar Stunden lang so mit geschlossenen Augen einher und hörte nur, wie rings um mich sich die Massen vorwärts bewegten: ich hörte das dumpfe, unregelmäßige Stampfen von Menschen und Pferden, hörte das Knirschen der eisernen Geschützräder auf dem Steingeröll, das schwere, stoßweise Atmen der erschöpften Lungen und das trockene Schmatzen der verdorrten Lippen. Alles schwieg – es war, als ob eine Armee von Stummen daherzöge. Wenn jemand zusammenbrach, so tat er es schweigend, und die anderen stolperten über seinen Körper, fielen hin, standen schweigend wieder auf und gingen, ohne zurückzuschauen, weiter, als wären sie nicht nur stumm, sondern auch taub und blind dazu. Was ich sah, schien mir eine wilde Phantasie, ein wüstes Traumbild der tollgewordenen Erde. Die heißdurchglühte Luft vibrierte, und lautlos, als ob sie eben in Fluß kommen sollten, vibrierten auch die Felsen; und die Züge der Mannschaften, die Geschütze und Pferde weit hinten an der Wegbiegung schienen wie von der Erde losgelöst und zitterten wie Gallerte – als wären es nicht lebende Wesen, die da marschierten, sondern ein Heer von fleischlosen Schatten. Bis ins Innerste des Körpers, in die Knochen, ins Hirn drang die heiße, dörrende Glut und erzeugte das Gefühl, als wackle da oben zwischen den Schultern nicht der Kopf hin und her, sondern eine seltsam fremde, schaurige, äußerlich aufgestülpte Kugel ...

Und da – da erinnerte ich mich plötzlich meines trauten Heims: ich sehe einen Winkel des Zimmers, und ein Stück der blauen Tapete, und die unbenutzte, staubige Wasserkaraffe auf meinem kleinen Tische, von dessen drei Beinen das eine kürzer ist als die beiden anderen und durch ein zusammengefaltetes Stück Papier gestützt wird. Und im anstoßenden Zimmer – so, daß ich sie nicht sehen kann – sitzt meine Frau mit meinem kleinen Sohne. Wäre ich imstande gewesen, zu schreien, ich hätte laut aufgeschrien vor Ueberraschung: so ungewohnt war mir dieses einfache, friedliche Bild, dieses Stück blaue Tapete samt der unbenutzten, staubigen Karaffe.

Ich weiß, daß ich stehen blieb und die Arme ausstreckte – aber da erhielt ich von hinten einen Stoß und lief rasch weiter, hastig durch die Menge drängend, als ob ich es sehr, sehr eilig hätte. Eine ganze Zeit lang lief ich dahin zwischen den schweigsamen Menschenreihen, vorüber an den vom Sonnenbrand geröteten Nacken, an den aufgeprotzten, glühend heißen Geschützen, die ich unbewußt streifte – als plötzlich der Gedanke, was ich denn eigentlich treibe, wohin ich so eilig laufe, mich abermals Halt machen ließ. Nun schlug ich mich seitwärts, gelangte auf eine freie Stelle, kroch durch eine Schlucht und setzte mich auf einen Felsblock, tief aufatmend, als ob dieser heiße, rauhe Block das Ziel all meiner Wünsche wäre. Und da kam mir jene furchtbare Tatsache zum erstenmal klar zum Bewußtsein: ich sah mit aller Deutlichkeit, daß alle diese Menschen, die da schweigend in der Sonnenglut vorwärts hasteten und, von Hitze und Erschöpfung übermannt, jäh zusammenbrachen – daß sie Wahnsinnige waren. Sie wissen nicht, wohin sie gehen, sie wissen nicht, warum diese Sonne da auf sie niederbrennt, sie wissen nichts, rein nichts. Sie tragen keinen Kopf auf den Schultern, sondern Kugeln – seltsame, schaurige Kugeln. Dort drängt sich einer, gleich mir, hastig durch die Reihen und stürzt nieder; ihm folgt noch ein zweiter, ein dritter. Da bäumt sich über der Menge der Kopf eines Pferdes empor, mit starren, blutunterlaufenen Augen und breit gefletschtem Maule, aus dem jäh ein entsetzlicher, halb erstickter Schrei dringt – es bäumt sich empor, stürzt zu Boden und bildet im nächsten Moment den Mittelpunkt eines Auflaufs – – bis nach einem kurzen, dumpfen Wechsel von Worten ein jäher Schuß ertönt und dann von neuem diese endlose, schweigsame Bewegung einsetzt. Bereits seit einer Stunde sitze ich auf dem Felsblock, und an mir vorüber marschieren, marschieren sie nur immer, und die Erde, die Luft, die gespenstischen Menschenreihen dort hinten vibrieren in einem fort. Wiederum spüre ich diese ins Innerste dringende, ausdörrende Hitze; vergessen ist, was für einen Augenblick mich so lebhaft beschäftigte, und an mir vorüber sehe ich sie nur immer gehen und gehen, und ich weiß nicht, wer sie sind. Die einen tragen Gewehre und sehen wie Soldaten aus; andere sind halb nackt, und ihre Haut ist ganz purpurrot und entsetzlich anzuschauen. Nicht weit von mir liegt einer lang ausgestreckt, mit dem nackten Rücken nach oben; nach der Art, wie er gleichgültig sein Gesicht auf das spitze, heiße Felsgestein stützt, nach der blutlosen Weiße der seitwärts gedrehten Handfläche kann man darauf schließen, daß er tot ist; aber sein Rücken ist rot, wie bei einem Lebenden, und nur ein leichter gelber Anflug, gleich dem von geräuchertem Fleische, verkündet den Tod. Ich will von ihm fortrücken, doch ich habe nicht die Kraft dazu, und so starre ich über ihn hinweg, immer wieder auf diese endlos daherschreitenden, gespenstisch schwankenden Reihen. Ich spüre es wohl, daß auch mich im nächsten Augenblick der Hitzschlag treffen wird, aber ich erwarte ihn ruhig, wie in einem Traume, der den Tod nur als Etappe auf einem Wege voll wunderbarer, wirrer Visionen erscheinen läßt.

Und ich sehe, wie ein Soldat sich von der Truppe löst und seinen Schritt auf uns zulenkt. Einen Augenblick verschwindet er in einem Graben, und wie er dann herauskriecht und weitergeht, werden seine Schritte unsicher, und über seinem verzweifelten Versuche, die versagenden Glieder zusammenzuraffen und vom Fleck zu bringen, liegt's wie ein Abglanz des Endes. Er kommt so jäh auf mich zu, daß ich aus dem dumpfen Halbschlummer auffahre, der mein Hirn umfängt, und erschrocken frage: »Was willst du?«

Er macht plötzlich Halt, als ob er nur dieses eine Wort erwartet hätte, und steht nun vor mir da – groß und breit, bärtig, mit zerrissenem Kragen. Die Arme und Beine stehen vom Körper ab, er sucht sie an sich zu ziehen, doch vermag er es nicht mehr; kaum hat er sie an den Leib gebracht, so streckt er sie gleich wieder von sich.

»Was ist dir? So setz dich doch!« rufe ich.

Doch er steht da, sucht vergeblich seine Haltung zu bewahren, schweigt und sieht mich an. Und ich richte mich unwillkürlich von meinem Felsblock empor, blicke, während ich unsicher hin und her schwanke, in seine Augen und schaue in ihnen einen Abgrund von Schrecken und Wahnsinn. Bei allen andern sind die Pupillen klein und eng – bei ihm jedoch haben sie sich geweitet, daß sie das ganze Auge ausfüllen: welch ein Feuermeer muß er sehen durch diese großen, schwarzen Fenster! In diesen schwarzen, grundlosen, wie bei den Vögeln von einer schmalen, orangefarbigen Iris umgebenen Sehlöchern lag mehr als der Tod, mehr als die Angst vor dem Sterben.

»Geh fort!« schrie ich, unwillkürlich zurückweichend – »geh fort!«

Und wie ich so rufe, stürzt er auch schon mit der ganzen Wucht seines Körpers auf mich nieder, wortlos und starr, und bringt mich zu Falle. Zitternd mache ich meine Beine frei von der unheimlichen Last, voll Entsetzen springe ich auf und will irgend wohin in die sonnige, menschenleere, vibrierende Ferne flüchten – da erdröhnt von links auf dem Berggipfel ein Schuß, und gleich darauf folgen ihm, wie ein Echo, zwei andere. Und irgendwo über meinem Kopfe saust mit Zischen und Pfeifen und Jubeln eine Granate durch die Luft.

Wir sind umzingelt!

Vergessen ist plötzlich die mörderische Hitze, verschwunden die Angst und die Müdigkeit. Meine Gedanken sind klar, meine Vorstellungen scharf und deutlich, und wie ich keuchend zu der in Reihe und Glied aufmarschierenden Batterie eile, sehe ich heitere, fast lachende Gesichter, höre ich laute, wenn auch heisere Stimmen, Kommandorufe, Scherze. Die Sonne scheint höher gestiegen zu sein, um nicht zu stören, ihr Glanz erscheint matter, ihre Glut gemildert – und abermals saust, wie mit freudigem Aufschrei, gleich einem Luftgespenst, eine Granate über meinen Kopf hinweg.

Schon bin ich zur Stelle ...

Zweites Fragment.

... fast alle Pferde und die gesamte Bedienungsmannschaft. Und ebenso sieht es bei der achten Batterie aus. Bei unserer Batterie, der zwölften, waren am dritten Tage nur noch drei brauchbare Geschütze vorhanden, die übrigen waren total zerschossen; von den Leuten waren noch sechs Mann dienstfähig, und ein Offizier, nämlich ich. Seit zwanzig Stunden hatten wir kein Auge zugetan und keinen Bissen gegessen; dreimal vierundzwanzig Stunden lang hüllte uns dieses infernalische Gedröhne und Geknatter gleichsam in eine Wolke des Wahns, die uns von der Erde, vom Himmel, von den Unsrigen schied und uns wie Schlafwandler umhergehen ließ. Unsere Toten – die lagen still und regungslos da, wir aber bewegten uns hin und her, verrichteten unsere Obliegenheiten, redeten mit einander, lachten sogar – und waren dabei wie die Mondsüchtigen. Unsere Bewegungen waren präzis und rasch, die Befehle klar, die Ausführung prompt – aber wenn man plötzlich jemanden von uns gefragt hätte, wer er sei – er hätte in seinem verdüsterten Hirn kaum eine Antwort gefunden. Wie im Traume schienen uns alle Gesichter längst bekannt, und alles, was ringsum vorging, schien uns gleichfalls längst bekannt und vertraut, als ob es schon einmal gewesen wäre; wenn ich dann aber eins der Gesichter oder ein Geschütz aufmerksamer ansah oder auf den Donner der Geschütze, das Pfeifen und Zischen der Geschosse lauschte – machte mich alles durch seine Neuheit und seine unergründliche Rätselhaftigkeit betroffen. Die Nacht brach herein, ohne daß wir es bemerkten, und kaum waren wir sie gewahr geworden, kaum hatten wir uns verwundert gefragt, woher sie so plötzlich gekommen, als bereits die Sonne wieder auf unsere Köpfe niederglühte. Erst von den Kameraden, die uns bei unserer Batterie aufsuchten, erfuhren wir, daß der Kampf schon in den dritten Tag hinein wütete, doch hatten wir das gleich wieder vergessen: uns schien es, daß das alles nur ein einziger Tag ohne Anfang und ohne Ende war, der bald hell und bald dunkel, zu jeder Frist jedoch gleich unbegreiflich, gleich unfaßbar war. Und niemand von uns fürchtete den Tod – da niemand von uns begriff, was der Tod sei...

In der dritten oder vierten Nacht, ich weiß es nicht mehr genau, legte ich mich für einen Augenblick hinter der Brustwehr nieder, und sowie ich nur die Augen schloß, trat sogleich das bekannte Bild vor meine Augen: das Stück blaue Tapete und die unberührte, staubige Karaffe auf meinem Tischchen. Und im anstoßenden Zimmer – so, daß ich sie nicht sehen kann – befinden sich meine Frau und mein kleiner Sohn. Nur daß jetzt auf dem Tische eine Lampe mit grüner Glocke brannte, also jedenfalls Abend oder Nacht war. Unbeweglich stand das Bild vor meinem Geiste, so daß ich in aller Ruhe und mit aller Aufmerksamkeit die Tapete betrachten, das Spiel des Lichtes in dem Kristall der Karaffe beobachten und darüber nachdenken konnte, warum denn mein Sohn nicht schlafe: es war doch schon spät in der Nacht, und er hätte längst schlafen sollen. Noch einmal betrachtete ich dann die Tapete, all die Schnörkel des Musters, die silbernen Blumen, Guirlanden und Stäbe – ich hätte nie geglaubt, daß ich mein Zimmer so genau kannte. Bisweilen öffnete ich die Augen und sah den schwarzen Himmel mit den seltsam schönen, feurigen Streifen darauf, und ich schloß sie wieder, sah wieder die Tapete und die Karaffe und dachte darüber nach, warum denn mein Sohn nicht schlafe: es war doch Nacht, und er sollte längst schlafen. In meiner nächsten Nähe explodierte eine Granate, meine Beine wurden von einer unsichtbaren Gewalt zur Seite geschoben, und irgend jemand schrie laut auf – so laut, daß selbst der Knall der Explosion übertönt wurde. »Wieder jemand tot,« dachte ich, doch rührte ich mich nicht von der Stelle und verwandte keinen Blick von der Tapete meines Zimmers und der Karaffe.

Dann erhob ich mich, ging umher, erteilte Befehle, betrachtete die Gesichter meiner Leute, stellte das Ziel ein und dachte dabei nur immer: Warum mag mein Sohn noch nicht schlafen? Einmal fragte ich einen von den Fahrern danach, und er begann mir irgend etwas des Langen und Breiten auseinanderzusetzen, und wir nickten beide mit dem Kopfe. Und er lachte dabei, und seine linke Braue zuckte, und das Auge blinzelte und gab mir ein Zeichen, nach hinten zu schauen. Dort, hinter ihm, sah man nichts als die Stiefelsohlen an irgend jemandes Füßen...

Es war bereits heller, lichter Tag – als es plötzlich zu regnen begann. Ein Regen wie bei uns daheim – lauter ganz gewöhnliche Wassertropfen. Er kam so unerwartet und unerwünscht, und wir fürchteten uns alle so sehr vor dem Naßwerden, daß wir mit dem

Schießen aufhörten, die Geschütze stehen ließen und uns verkrochen, wo wir irgend konnten. Der Fahrer, mit dem ich soeben gesprochen hatte, kroch unter die Lafette und blieb dort hocken, obschon er in seinem Versteck jeden Augenblick überfahren werden konnte; der dicke Feuerwerker zog einem der Toten die Kleider aus, um damit die seinigen zu schützen, und ich lief in der Batterie hin und her, um einen Mantel oder Regenschirm aufzutreiben. Mit einem Mal war auf dem ganzen ausgedehnten Raum, über den die Regenwolke hinwegzog, alles verstummt. Ein verspätetes Schrapnell kam dahergesaust und explodierte; dann wurde es vollends still – so still, daß man das Schnaufen des dicken Feuerwerkers und das Trommeln der Regentropfen auf den Steinen und Geschützrohren hören konnte. Und dieses leise, wirbelnde, an den Herbst mahnende Geräusch, diese Stille ringsum und der Geruch des aufgeweichten

Bodens zerrissen für einen Augenblick den dichten, blutigen Nebel, der mein Hirn umlagerte, und als ich das nasse, vom Regen glänzende Geschütz betrachtete, weckte sein Anblick ganz unerwartet traute, stille Jugenderinnerungen in mir: Erinnerungen an meine Kindheit, an meine erste Liebe. Aus der Ferne aber dröhnte plötzlich jäh und laut der erste Schuß, und der Zauber der momentanen Ruhe entschwand; ebenso plötzlich, wie die Leute sich verkrochen hatten, kamen sie aus ihren Deckungen wieder hervor; der dicke Feuerwerker schrie irgend jemanden an; ein Schuß krachte, ihm folgte sogleich ein zweiter – und von neuem umschleierte der blutige, undurchdringliche Nebel die erschöpften Gehirne. Und niemand bemerkte es, als der Regen aufhörte; ich erinnerte mich nur, daß von dem dicken, aufgedunsenen, schwammigen Gesichte des Feuerwerkers, der tot hingestreckt neben seinem Geschütz lag, der Regen niederrann – es muß also wohl ziemlich lange geregnet haben...

... Vor mir stand ein noch ganz junger Freiwilliger – er meldete mir, die Hand am Mützenschirm, daß der General uns bitten lasse, die Position noch zwei Stunden lang zu halten, dann würden Verstärkungen eintreffen. Ich antwortete ihm, daß ich mich noch so lange halten könne, wie ich wolle. Und als ich ihm das sagte, fiel mir plötzlich die ungewöhnliche Blässe seines Gesichtes auf: ich hatte nie im Leben ein so weißes Gesicht gesehen. Selbst die Gesichter der Toten haben mehr Farbe, als dieses jugendliche, bartlose Antlitz. Er hatte offenbar, als er zu uns unterwegs war, einen ganz gehörigen Schrecken ausgestanden und war noch nicht wieder zu sich gekommen; und die Hand hielt er wohl nur darum krampfhaft am Mützenschirm fest, weil er durch diese gewohnheitsmäßige, einfache Bewegung seine wahnsinnige Furcht zu bannen dachte.

»Fürchten Sie sich?« fragte ich ihn, während ich seinen Ellbogen mit der Hand berührte. Aber dieser Ellbogen war wie von Holz, und er selbst lächelte still und schwieg. Oder richtiger gesagt: nur um seine Lippen zuckte etwas wie ein Lächeln, während in seinen Augen nur Jugend und Furcht lag, nichts weiter.

»Fürchten Sie sich?« wiederholte ich in freundlichem Tone meine Frage.

Seine Lippen zuckten, als ob sie sich mühten, ein Wort herauszubringen – und in diesem Augenblick geschah etwas Unbegreifliches, Entsetzliches, Ungeheuerliches. An meiner rechten Backe verspürte ich plötzlich einen warmen Hauch, ich begann heftig zu schwanken, und vor meinen Augen starrte anstatt des bleichen Gesichtes etwas Kurzes, Stumpfes, Rotes, aus dem sich in jähem Strahl das Blut ergoß, gleich dem blutigen Schaumwein, der auf schlechtgemalten Wirtshausschildern aus den Champagnerflaschen quillt. Und von diesem kurzen, roten, überquellenden Etwas ging immer noch ein Lächeln aus, ein zahnloses Lachen – das rote Lachen.

Ich habe es kennen gelernt, dieses rote Lachen. Ich habe es gesucht und gefunden, dieses rote Lachen. Nun hatte ich begriffen, was von allen diesen verstümmelten, zerrissenen, seltsam entstellten Menschenleibern ausging. Es war das rote Lachen. Es grinst vom Himmel nieder, und von der Sonne, und es wird bald die ganze Erde überfluten, dieses rote Lachen!

Sie aber tun ihre Pflicht, präzis und ruhig, wie die Schlafwandler...

Drittes Fragment.

... Wahnsinn und Schrecken.

Es heißt, daß in unserer Armee, wie auch in der feindlichen, zahlreiche Fälle von Geisteskrankheit vorkommen. Bei uns ist bereits eine psychiatrische Abteilung mit vier Zimmern eingerichtet. Als ich dieser Tage im Stabe war, besichtigte ich sie unter Führung des Adjutanten...

Viertes Fragment.

... entsetzliche Wirkungen dieser Stacheldrähte. Den Schlangen gleich umwanden sie die Leute und zogen sie in ihre tötlichen Verstrickungen. Er hatte gesehen, wie solch ein straff gespannter Draht, an einem Ende zerhauen, pfeifend die Luft durchschnitt und drei Soldaten in seinen Umschlingungen festhielt. Die Stachel zerrissen die Kleidung und bohrten sich in das Fleisch ein, daß die Soldaten, laut schreiend vor Schmerz, sich wie rasend im Kreise drehten. Einer von ihnen hing bereits, von einer Kugel getroffen, tot in dem Stacheldraht, und die beiden andern schleppten ihn hinter sich her, bis schließlich nur einer am Leben war, der die beiden Toten mit vorwärts zerrte und sich vergeblich von ihnen zu befreien suchte. Ein wahnwitziges Spiel war's, das die Toten mit den Lebenden trieben, ein wildes Kreisen und Uebereinanderstürzen – bis plötzlich alle in einem Knäuel unbeweglich dalagen.

Er erzählte, daß an einer dieser Drahtbefestigungen wohl über zweitausend Mann gefallen seien. Während sie den Draht zerhieben und sich seiner Umklammerung zu entziehen suchten, überschüttete sie der Feind mit einem ununterbrochenen Kugel- und Kartätschenregen. Er versicherte mir, daß es das Furchtbarste war, was er je erlebt, und daß diese Attacke ganz gewiß in panische Flucht ausgeartet wäre, wenn die Ärmsten nur gewußt hätten, nach welcher Richtung sie fliehen sollten. Aber diese zehn oder zwölf aufeinanderfolgenden Stacheldrahthecken, in die sie wie in ein grausiges Netz verflochten waren, und das Labyrinth von klaftertiefen, auf dem Grunde mit spitzen Pfählen versehenen Wolfsgruben hatten die Köpfe so verwirrt, daß kein Mensch sich auf diesem schauerlichen Erntefeld des Todes zurechtzufinden wußte.

Die einen stürzten blindlings in die tiefen, trichterförmigen Gruben, wurden von den spitzen Pfählen aufgespießt und zappelten und tanzten dort in der Tiefe wie die Hanswurste, mit denen die Kinder spielen. Neue Körper wälzten sich auf sie herab und erdrückten sie mit ihrer Wucht, und bald war die ganze Grube bis an den Rand in einen wimmelnden Kessel voll blutüberströmter, teils lebender, teils toter Menschen verwandelt. Ueberall starrten hilflose Arme empor, deren Finger sich krampfhaft zusammenkrallten und nach allem Greifbaren faßten. Wer einmal in diese Falle geraten war, der war rettungslos verloren, denn Hunderte von blinden, starken Händen packten ihn wie eiserne Zangen an den Beinen, an den Kleidern, in den Augenhöhlen, hielten ihn nieder und würgten ihn. Viele rannten wie betrunken gerade auf die Drahthecken los, blieben darin hängen und schrieen, bis eine Kugel ihrem Leben ein Ende machte.

Ueberhaupt, meinte er, waren alle wie betrunken: einige schimpften ganz fürchterlich, andere lachten, wenn der stachelige Draht sie am Arm oder am Bein packte, und brachen tot zusammen, ehe sie sich's versahen. Er selbst hatte seit dem frühen Morgen nichts gegessen noch getrunken und war in ganz seltsamer Verfassung: er hatte Schwindelanfälle, und sein Angstgefühl wich bisweilen einer wilden Ekstase – der Ekstase der Angst. Als jemand neben ihm ein Lied anstimmte, nahm er die Melodie auf, andere fielen ein, und bald bildete sich ein ganzer Chor. Er wußte nicht mehr, was sie sangen, doch war es etwas sehr Lustiges, ein Tanzlied. Ja, sie sangen – und alles ringsum war rot von Blut. Der Himmel selbst erschien rot, und man konnte glauben, daß im Weltall eine Katastrophe, eine seltsame Umwälzung eingetreten sei, bei der alle Farben – die blaue, die grüne und die anderen ruhigeren Farben – verschwunden wären und nur das grelle Rot geblieben sei, in dem die Sonne jetzt wie in bengalischem Lichte erstrahlte.

»Das rote Lachen,« sagte ich.

Er verstand mich nicht.

»Ja, sie lachten auch,« fuhr er fort. »Ich erzählte dir schon davon... Wie Betrunkene lachten sie. Kann sogar sein, daß sie tanzten, einige wenigstens... Jene drei wenigstens, von denen ich dir sagte, die sprangen ganz so umher, als ob sie tanzten...«

Er erinnerte sich ganz klar: als die Kugel ihm die Brust durchbohrte und er zusammenbrach, machten seine Beine, bis er das Bewußtsein verlor, eine ganze Weile noch Tanzbewegungen, als ob er einem Partner zutanzte. Auch jetzt noch gedachte er dieser Attacke mit einer sonderbar gemischten Empfindung: teils mit Schrecken, teils mit dem heimlichen Wunsche, noch einmal dasselbe zu erleben.

»Und wieder durch die Brust geschossen zu werden?« fragte ich ihn.

»Nun, nicht jede Kugel trifft. Aber es wäre doch hübsch, Kamerad, wenn man so einen Tapferkeitsorden bekäme.«

Er lag auf dem Rücken, gelb, mit eingefallenen Augen, spitzer Nase und jäh hervortretenden Backenknochen, er glich beinahe schon einem Toten – und träumte von einem Orden. Seine Wunde eiterte stark, er hatte hohes Fieber, und in drei Tagen konnte er möglicherweise schon nach der Totengrube wandern – und er lag träumerisch lächelnd da und sprach von einem Orden.

»Hast du deiner Mutter telegraphiert?« fragte ich.

Er sah mich erschrocken, doch zugleich finster und böse an und antwortete nicht. Auch ich schwieg, und man vernahm das Ächzen und Phantasieren der Verwundeten. Als ich jedoch aufstand, um zu gehen, faßte er mit seiner heißen, immer noch nervigen Hand nach meiner Hand, preßte sie stark und richtete seine tiefliegenden, glühenden Augen mit gramvoll-unstätem Ausdruck auf mich.

»Sag' mal – was ist das alles, wie? Was ist das?« fragte er angstvoll zugleich und drängend, während er an meiner Hand zerrte.

»Was?«

»Nun, überhaupt... das alles hier. Sie erwartet mich ja... aber ich kann doch nicht zu ihr! Das Vaterland – läßt sie sich's denn klarmachen, was das ist – das Vaterland!?«

»Das rote Lachen,« antwortete ich.

»Ach! Du kommst immer mit deinen Scherzen, ich rede aber im Ernst. Man muß ihr das doch auseinandersetzen – aber läßt sie sich's denn sagen? Wenn du wüßtest, was sie mir alles schreibt! Was sie alles schreibt! Und weißt du, ihre Worte haben... so etwas... Graues! Übrigens, was seh' ich?« sagte er plötzlich lächelnd, während er neugierig meinen Kopf betrachtete und mit dem Finger danach tippte – »du bist grau geworden! Hast du es schon bemerkt?«

»Es gibt hier leider keine Spiegel ...«

»Es sind hier viele grau und kahl geworden. Hör' mal, reich' mir doch einen Spiegel! Ich fühle, daß auch mir weiße Haare aus dem Schädel wachsen. Einen Spiegel, bitte... rasch, rasch!«

Er begann zu phantasieren, er weinte und schrie, und ich verließ das Lazarett.

An diesem Abend veranstalteten wir eine Festlichkeit – eine seltsame, traurige Festlichkeit, bei der mitten unter den Gästen die Schatten der Toten weilten. Wir hatten beschlossen, am Abend zusammenzukommen und Tee zu trinken, wie zu Hause, wie bei einem Picknick, und wir verschafften uns einen Samowar. Sogar Citronen und Gläser fanden sich, und wir placierten uns gemütlich unter einem Baume – ganz wie daheim bei einem Picknick. Einzeln, zu zweien, zu dreien kamen die Kameraden herbei, lärmend, scherzend und plaudernd, voll fröhlicher Erwartung – aber sie verstummten bald und vermieden es, sich gegenseitig anzusehen, denn es lag etwas Furchtbares in dieser Versammlung der Ueberlebenden. Wie wir da um den Samowar zusammensaßen – abgerissen, schmutzig, zerschunden, als wenn wir die Krätze hätten, mit zottigem, ungepflegtem Haar, mager und entkräftet, ohne jede Spur des gewohnten äußeren Chics, entsetzten wir uns förmlich vor einander: es war, als ob wir eben erst uns dessen bewußt würden, wie fürchterlich wir aussahen. Ich suchte vergeblich in der Menge dieser unruhigen, scheuen Menschen nach bekannten Gesichtern – ich konnte keine finden. Diese hastigen, unstäten, bei jedem Geräusch zusammenfahrenden Menschen mit den zuckenden Bewegungen, die stets irgend eine Gefahr in ihrem Rücken zu wittern schienen und die sie rätselhaft angähnende, schauerliche Leere durch ein Uebermaß von Gestikulationen auszufüllen suchten – sie waren mir alle fremd, alle unbekannt, ich hatte sie nie gesehen. Auch ihre Stimmen klangen so ganz anders, es war etwas Abgerissenes, Ruckweises in der Art, wie sie sprachen, als ob ihnen das Herausbringen der Worte beschwerlich fiele, und aus dem nichtigsten Anlaß ging ihr Sprechen in Schreien über, oder in ein sinnloses, unbändiges Lachen. Und alles war so seltsam und fremd – dieser Baum, unter dem wir saßen, und der Sonnenuntergang, und das Wasser, das einen ganz absonderlichen Geruch und Geschmack hatte; als ob wir zugleich mit den Toten die Erde verlassen hätten und in eine andere Welt eingezogen wären, in eine Welt voll geheimnisvoller Erscheinungen und schauriger, finsterer Schatten. Die untergehende Sonne war gelb und kalt; über ihr hingen schwarze, unbewegliche Wolken, auf die kein Lichtreflex fiel, und unter ihr lag ebenso schwarz die Erde, und unsere Gesichter erschienen in dieser unheimlichen Beleuchtung gelb, wie die Gesichter von Toten. Wir blickten alle auf den Samowar, der eben ausgegangen war – auch in seinem Metall spiegelte sich dieses kalte, drohende Gelb des Sonnenuntergangs, und auch der Samowar schien uns fremd, tot und unbegreiflich.

»Wo sind wir?« fragte jemand, und aus seiner Stimme klang es wie Angst und Unruhe. Ein anderer seufzte. Ein dritter schnalzte wie im Krampf mit den Fingern, ein vierter sprang auf und begann hastig um den Tisch herumzulaufen. Man konnte jetzt häufig so Leute in hastigem, fast fluchtartigem Tempo, bald rätselhaft schweigend, bald seltsames Zeug vor sich hinmurmelnd, umherlaufen sehen.

»Wo wir sind?« versetze jener, der eben gelacht hatte. »Im Kriege sind wir!« Und er stieß von neuem ein Lachen aus – ein langgezogenes, ersticktes Lachen, das so klang, als ob ihm etwas im Halse säße und ihn würgte.

»Warum lacht er denn?« rief jemand entrüstet. »Hören Sie – lassen Sie das Lachen!«

Der andere würgte noch einmal, kicherte noch einmal leise und schwieg dann gehorsam. Es wurde dunkel, die schwarze Wolke senkte sich zur Erde herab, und wir unterschieden nur mit Mühe unsere gelben, gespenstischen Gesichter.

»Wo ist denn ›Stiefelchen‹?« fragte irgend jemand. ›Stiefelchen‹ nannten wir einen Kameraden, einen kleinen Offizier in hohen, wasserdichten Stiefeln.

»Er war eben noch da. Stiefelchen, wo sind Sie denn?«

»Verstecken Sie sich doch nicht! Wir riechen ja Ihre Juchtenstiefel!«

Alles lachte. Aus dem Dunkel aber ertönte in das Lachen hinein eine grobe, unwillige Stimme:

»Hört doch auf – schämt Euch! Stiefelchen ist heut morgen bei einer Rekognoszierung gefallen.«

»Sie irren sich. Er war eben noch hier!«

»Das schien Ihnen nur so... Heda, Sie dort am Samowar – schneiden Sie mir doch rasch eine Scheibe von der Citrone ab!«

»Auch mir! Auch mir!«

»Die Citrone ist leider alle.«

»Das ist doch unrecht, meine Herren!« sagte enttäuscht, fast weinerlich eine leise, gekränkte Stimme. »Ich bin einzig wegen der Citrone gekommen.«

Der andere lachte wieder, dumpf und langgedehnt, und niemand wehrte ihm diesmal. Aber auch er verstummte bald – kicherte noch einmal – und verstummte.

»Morgen greifen wir an,« sagte irgend jemand.

Doch ein paar zornige Stimmen riefen:

»Lassen wir das! Was heißt angreifen?«

»Sie wissen doch selbst...«

»Lassen wir's! Gibt's denn kein anderes Gesprächsthema?«

Die Sonne war untergegangen. Die dunkle Wolke stieg höher empor, es ward mit einem Mal heller, und unsere Gesichter erschienen uns nun bekannter. Jener, der immer im Kreise um uns herumgelaufen war, beruhigte sich und nahm unter uns Platz.

»Wie mag's jetzt zu Hause aussehen?« fragte er obenhin, und aus seiner Stimme klang es wie ein entschuldigendes Lächeln.

Und abermals war es da, das Furchtbare, Unbegreifliche, Fremde, das uns mit Schrecken erfüllte und unser Bewußtsein trübte. Und wir begannen alle auf einmal zu sprechen, zu schreien, zu zappeln und mit den Gläsern in der Luft umherzufahren – wir faßten uns gegenseitig an den Schultern, an den Armen, an den Knien – – und schwiegen dann plötzlich still, wie gebannt von dem Unbegreiflichen.

»Zu Hause?« schrie jemand laut aus dem Dunkel. Seine Stimme klang heiser vor Erregung, vor Entsetzen und verbissenem Ingrimm, und sie zitterte. Bisweilen kamen seine Worte nur zögernd und stockend heraus, als ob er das Sprechen verlernt hätte. – »Zu Hause? Was für ein Haus? Gibt's denn für uns ein Zuhause? Unterbrecht mich nicht, sonst fang' ich an zu schießen! Zu Hause nahm ich alle Tage ein Bad, versteht ihr – ein warmes Wannenbad, bis obenauf gefüllt. Und jetzt wasch' ich mich nicht einmal jeden Tag, und auf meinem Kopfe ist der Grind, eine Art Räude, und am ganzen Leibe juckt es mich, und auf dem ganzen Körper kribbeln sie, kribbeln sie... Ich werde verrückt vor lauter Schmutz und Unrat – und ihr redet mir von ›zu Hause‹! Ich bin zum reinen Vieh geworden, ich verachte mich selber, kenne mich selbst nicht mehr, und der Tod scheint mir durchaus nicht das Schlimmste. Ihr zerreißt mir das Gehirn mit euren Schrapnells, das Gehirn! Wohin ihr auch zielt, immer trefft ihr mich mitten ins Gehirn – und ihr sagt: ›zu Hause‹! Was für ein Zuhause denn? Straßen, Fenster, Menschen – nein, ich würde jetzt nicht auf die Straße gehen, um keinen Preis, ich würde mich einfach schämen. Ihr habt den Samowar hergebracht – und ich schämte mich, ihn anzusehen... den Samowar...«

Der andere lachte wieder.

»Weiß der Teufel, was das ist!« schrie irgend jemand. »Ich mache, daß ich wieder nach Hause komme.«

»Nach Hause?«

»Sie scheinen nicht zu begreifen, was Pflicht heißt?...«

»Nach Hause? Hört doch: er will nach Hause!«

Allgemeines Lachen und banges Geschrei erhob sich – und dann schwiegen wieder alle, wie gebannt von dem Unbegreiflichen. Und da fühlte nicht ich allein, sondern wir alle, die wir da waren, fühlten jenes Eine, Unheimliche: es kam auf uns zu von den dunklen, rätselhaften, fremden Fluren; es stieg empor aus den tiefen, schwarzen Schluchten, in denen vielleicht noch vergessene und verlorene Menschenkinder zwischen den Felsen mit dem Tode rangen; es senkte sich von diesem fremden Himmel, den wir noch nie vorher gesehen, auf uns herab. Schweigend, vom Schreck gelähmt, standen wir um den erloschenen Samowar, und vom Himmel schaute auf uns der gewaltige, formlose Schatten nieder, der über der Welt emporgestiegen war.

Da plötzlich ertönte in nächster Nähe, wahrscheinlich beim Regimentskommandeur, Musik, und die lustig tollen, lauten Klänge lohten gleichsam auf inmitten der nächtlichen Stille. Herausfordernd, ausgelassen, toll erscholl die leichte Weise in die Nacht hinaus, doch klang etwas Banges, Disharmonisches durch die allzu lauten, allzu lustigen Wirbel, als ob sowohl jene, die da spielten, als auch jene, die zuhörten, gleich uns diesen gewaltigen, formlosen Schatten sähen, der über der Welt emporgestiegen war.

Jenem aber, der im Orchester die Trompete blies, war er offenbar schon ins Hirn gedrungen, dieser gewaltige, stumme Schatten. Der abgebrochene, schrille Klang seines Instruments sprang und hüpfte hin und her und lief irgend wohin, abseits von den andern, zitternd vor Angst, wie wahnsinnig. Und die übrigen Töne schienen sich gleichsam nach ihm umzusehen; so linkisch vorwärtsstolpernd, bald fallend und bald sich wieder erhebend, eilten sie in ordnungslosem Schwarm dahin, allzu laut, allzu ausgelassen, allzu nahe diesen schwarzen Klüften, in denen vielleicht noch vergessene und verlorene Menschenkinder zwischen den Felsen mit dem Tode rangen.

Lange standen wir noch um den erloschenen Samowar und schwiegen...

Fünftes Fragment.

... Ich schlief bereits, als der Doktor mich leicht in die Seite stieß, um mich zu wecken. Ich schrie auf, erwachte und sprang empor; wir erwachten alle mit einem Schrei, wenn man uns aus dem Schlafe aufstörte. Ich stürzte nach dem Ausgang des Zeltes, aber der Doktor hielt meine Hand fest und entschuldigte sich:

»Ich habe Sie erschreckt, verzeihen Sie! Ich weiß, daß Sie des Schlafes bedürfen...«

»Fünf Tage und fünf Nächte...« murmelte ich, während ich auf das harte Lager zurücksank. Ich schlief im Moment wieder ein und glaubte Gott weiß wie lange geschlafen zu haben, als ich von neuem die Stimme des Doktors vernahm, der mir vorsichtige kleine Stöße gegen Rücken und Beine versetzte.

»Es muß sein, mein Lieber, es muß unbedingt sein. Ich glaube ganz bestimmt, daß noch Verwundete draußen auf dem Schlachtfelde liegen ...«

»Was für Verwundete? Wir haben doch den ganzen Tag nur immer Verwundete eingebracht. Das ist ja schändlich, ich habe fünf Tage und fünf Nächte nicht geschlafen!«

»Seien Sie nicht böse, Verehrtester,« murmelte der Doktor, während er mir ungeschickt die Mütze auf den Kopf schob. »Alles schläft, keinen Menschen kann ich wach bekommen. Eine Lokomotive und sieben Waggons habe ich glücklich aufgetrieben, doch nun brauch' ich auch Leute ... Ich versteh' ja vollkommen ... diese Strapazen ... Aber kommen Sie schon, ich beschwöre Sie! Alles schläft wie tot ... ich selbst halte mich kaum wach und fürchte, jeden Augenblick im Stehen einzuschlafen. Ich weiß gar nicht mehr, wann ich geschlafen habe ... ich leide schon an Hallucinationen. So, mein Lieber ... ein Bein herunter, dann das andere ... so, so ...«

Der Doktor war bleich und schwankte vor Erschöpfung, und man sah es ihm an, daß, wenn er sich erst hinlegte, er ein paar Tage lang nicht wird aufstehen können. Die Beine brachen unter mir zusammen, und ich war überzeugt, daß ich im Gehen schlief – denn ganz unvermittelt und plötzlich, wie aus dem Boden gewachsen, tauchte vor mir eine Reihe massiger, schwarzer Silhouetten auf: die Lokomotive mit den sieben Waggons. Langsam und schweigend, im Dunkel kaum erkennbar, schritten ein paar Gestalten neben ihnen auf und ab. Weder auf der Lokomotive noch auf den Waggons brannte eine Laterne, nur von dem verdeckten Heizloch fiel ein matter rötlicher Schein auf den Bahnkörper.

»Was ist das?« fragte ich, einen Schritt zurückweichend.

»Haben Sie's schon vergessen? Wir fahren doch!« murmelte der Doktor.

Die Nacht war kalt, und er zitterte vor Kälte, und während ich ihn ansah, fühlte auch ich einen kitzelnden Schauer über meinen Körper laufen.

»Weiß der Teufel!« schrie ich ganz laut – »konnten Sie nicht einen andern mitnehmen?«

»Still doch, wenn ich bitten darf – still!« sagte der Doktor und faßte nach meiner Hand.

Aus dem Dunkel ließ sich eine Stimme vernehmen: »Jetzt könnte man alle Geschütze abfeuern, und kein Mensch würde sich rühren. Sie schlafen drüben gleichfalls. Man könnte sich unbemerkt an sie heranschleichen und sie alle im Schlafe fesseln. Ich bin eben an einem Vorposten vorübergekommen – er starrte mich an und sagte kein Wort, er rührte sich überhaupt nicht. Jedenfalls ist auch er eingeschlafen.«

Ein Gähnen folgte den Worten, und ich hörte an dem leisen Geräusch der Kleider, daß er sich dehnte. Ich lehnte mich mit der Brust gegen den Rand des Waggons und versuchte hinaufzuklettern, aber sogleich wieder kam der Schlaf über mich. Irgend jemand half mir von hinten hinauf, während ich ihn mit den Beinen fortzustoßen suchte. Endlich war ich oben und schlief sogleich wieder. Und im Schlafe, ganz zusammenhangslos, vernahm ich einzelne Bruchstücke eines Gesprächs:

»Auf der siebenten Werst ...«

»Habt Ihr Laternen mitgenommen?«

»Er wollte nicht mitkommen ...«

»Gib her. Schraub's etwas tiefer ... so!«

Ein Schütteln und Rütteln ging durch die Waggons. Von all den Geräuschen und Lauten, die auf mich eindrangen, wurde ich trotz der bequemen Lage, in die ich schließlich meinen Körper gebracht, fast ganz wach. Der Doktor war eingeschlafen, und als ich seine Hand faßte, war sie schwer und welk wie die Hand eines Toten. Der Zug bewegte sich bereits, langsam und vorsichtig, mit leichtem Zittern, als wenn er den Weg erst abtasten wollte. Ein Student, der bei der Sanitätskolonne Dienst tat, befand sich mit in unserem Waggon. Er zündete das Licht in der Laterne an, deren Schein auf die Wände und die schwarze Türöffnung fiel, und sagte ärgerlich:

»Daß uns der Doktor nur nicht einschläft, zum Henker! Wir wollen ihn lieber wecken, sonst ist dann gar nichts mit ihm anzufangen. Ich kenne das aus eigener Erfahrung.«

Wir rüttelten den Doktor aus dem Schlafe. Er setzte sich auf und starrte uns verständnislos an; dann wollte er sich wieder hinlegen, aber wir ließen es nicht zu.

»Ein Schluck Branntwein wäre jetzt nicht übel,« meinte der Student. Wir nahmen jeder einen Schluck Cognac, und der Schlaf verging uns vollends.

Das große, schwarze Rechteck der Tür färbte sich erst rosig, dann grell rot – irgendwo hinter den Hügelketten stieg lautlos ein gewaltiger Feuerschein auf, als wenn mitten in der Nacht die Sonne aufginge.

»Das ist weit von hier,« meinte jemand – »wenigstens zwanzig Werst weit!«

»Ich friere,« sagte der Doktor, während seine Zähne zusammenschlugen.

Der Student sah aus der Tür ins Freie und winkte mir mit der Hand. Ich blickte in die Nacht hinaus: an verschiedenen Stellen des Horizonts standen unbeweglich, gleich einer unheimlichen, schweigenden Kette, mächtige rote Flammenzeichen am Himmel – als wenn zehn Sonnen zu gleicher Zeit aufgingen. Und es war auch nicht mehr so finster: in der Ferne hoben sich die kompakten, dunklen Massen der Hügel in bald eckiger, bald gewellter Linie scharf ab, während in der Nähe alles in ein rotes, sanftes, ruhiges Licht getaucht war. Ich blickte den Studenten an: auch sein Gesicht strahlte in derselben roten, gespenstischen Farbe des Blutes, das sich in ein Meer von Luft und Licht aufgelöst zu haben schien.

»Gibt es viele Verwundete?« fragte ich.

Er bewegte, wie abwehrend, seine Hand.

»Verwundete – die schwere Menge,« sagte er, »aber noch mehr Geisteskranke.«

»Wirkliche Geisteskranke?«

»Was sonst für welche?«

Er sah mich an, und in seinen Augen lag derselbe stockende, wilde Ausdruck kalten Schreckens wie bei jenem Soldaten, den ich am Sonnenstich hatte sterben sehen.

»Starren Sie mich nicht so an,« sagte ich und wandte mich ab.

»Der Doktor ist ebenfalls geisteskrank,« meinte er. »Geben Sie nur acht auf ihn!«

Der Doktor hatte seine Worte nicht gehört. Er saß auf türkische Art mit gekreuzten Beinen da, wiegte sich hin und her und bewegte tonlos die Lippen. Seine Fingerspitzen zuckten krampfhaft, und in seinem Blick lag derselbe versteinerte, starre Ausdruck stumpfen Erstaunens wie bei dem Studenten.

»Ich friere,« sagte er und lächelte vor sich hin.

»Hol' euch allesamt der Teufel,« schrie ich und ging nach einer Ecke des Waggons. »Weshalb habt ihr mich eigentlich mitgenommen?«

Niemand gab mir Antwort. Der Student schaute nach dem schweigenden, immer größer werdenden Feuerschein, und wie ich auf seinen jugendlichen, von welligem Haar bedeckten Nacken sah, war es mir, als ob ich eine zarte Frauenhand erblickte, die ihm in dem Haar kraute. Und diese Vorstellung war mir so unangenehm, daß ich den Studenten zu hassen begann und ihn nicht ohne Widerwillen ansehen konnte.

»Wie alt sind Sie?« fragte ich ihn, aber er wandte sich ab und antwortete nicht.

Der Doktor wiegte sich immer noch hin und her.

»Ich friere,« murmelte er durch die Zähne.

»Wenn ich so bedenke,« sagte der Student, ohne sich umzudrehen – »wenn ich so bedenke, daß es irgendwo Straßen und Häuser und eine Universität gibt!«

Er hielt inne, als wenn er alles gesagt hätte, was ihm auf dem Herzen lag, und schwieg. Der Zug machte plötzlich Halt, so plötzlich, daß ich mit dem Kopfe gegen die Wand schlug. Man vernahm Stimmen, und wir sprangen auf.

Dicht vor der Lokomotive lag irgend etwas auf dem Bahnkörper, wie ein Bündel, aus dem ein Bein hervorstarrte.

»Ein Verwundeter?«

»Nein, ein Toter. Der Kopf ist abgerissen. Wenn Sie wollen, zünde ich die vordere Laterne an. Sonst überfahren wir noch jemanden.«

Der Klumpen mit dem hervortretenden Bein wurde zur Seite geschoben; das Bein wippte einen Augenblick empor, als ob es durch die Luft entfliehen wollte, dann verschwand alles in dem schwarzen Graben, der am Bahndamm entlang lief.

»Horcht mal!« rief jemand mit verhaltenem Entsetzen.

Wir lauschten in die Stille der Nacht hinaus. Von überallher vernahm man ein gleichmäßiges, heiseres Ächzen, wie ein Scharren und Kratzen, ganz seltsam ruhig und fast monoton in seiner Breite. Wir hatten schon so viel Ächzen und Schreien gehört, dieses Ächzen aber war von ganz anderer Art als alles das, was wir bisher vernommen. Es ließ sich nicht bestimmen, woher es kam. Auf der in trüben, rötlichen Dämmerschein getauchten Fläche konnte das Auge nichts erkennen, und so schien es, als ob die Erde selbst oder der von den lohenden Feuern erhellte Himmel ächzte.

»Wir sind hier auf der fünften Werst,« sagte der Maschinist.

»Das kommt von dort drüben,« meinte der Doktor, indem er mit der Hand in der Richtung des Bahndammes vorwärts wies. Der Student fuhr zusammen und wandte sich langsam zu uns um.

»Was ist das?« sagte er. »Das kann man ja gar nicht mit anhören!«

»Gehen wir – vorwärts!«

Wir schritten zu Fuß vor der Lokomotive her. Unser kompakter, langer Schatten fiel auf den Bahndamm, und er war nicht schwarz, sondern von mattem Rot, wie alles ringsum. Mit jedem Schritt, den wir vorwärts taten, ward dieses unheimliche, schaurige Stöhnen, das keinen Ursprung zu haben und von der Erde, vom Himmel, von dem roten Luftmeer selbst auszugehen schien, immer vernehmlicher und lauter. Es erinnerte ein wenig an das gleichmäßig monotone Zirpen der Heuschrecken auf der Sommerwiese. Und immer häufiger und häufiger stießen wir auf Leichen. Wir betrachteten sie flüchtig und warfen sie vom Bahndamm – diese gleichgültigen, welken, stillen Körper, die dort, wo sie gelegen, ihre dunklen, öligglänzenden, halb eingesickerten Blutspuren zurückließen. Wir begannen sie zu zählen, verzählten uns aber bald und gaben die Sache auf. Es waren ihrer so viel – nur allzu viel für diese unheilvolle, von kaltem Grausen erfüllte, schaurige Nacht.

»Was ist denn das?« schrie der Doktor und schwang dabei drohend die Faust. »So hört doch! ...«

Wir näherten uns der sechsten Werst, und das Ächzen klang nun bestimmter, schärfer. Wir glaubten die verzerrten Mundöffnungen zu sehen, die diese Töne hervorstießen. Wir blickten schaudernd in die rosig schimmernden, gespenstischen Nebel, als dicht vor uns, am Fuße des Bahndammes, jemand ein lautes, weinerliches, bittendes Ächzen ausstieß. Wir fanden ihn sogleich, diesen Verwundeten, in dessen Gesicht man nichts als die Augen sah – so riesengroß erschienen sie, als der Schein unserer Laternen auf sein Gesicht fiel. Er hörte auf zu stöhnen und ließ seinen Blick voll Erwartung über unsere Gruppe schweifen, wobei er nacheinander jeden von uns und dann die Laternen ansah. In seinen Augen lag eine wahnsinnige Freude darüber, daß er endlich Menschen und Licht sah, und zugleich eine wahnsinnige Furcht, daß alles dies im nächsten Augenblick wie eine Vision verschwinden könnte. Vielleicht hatte in den schrecklichen Stunden, die er verbracht, ihm diese Vision von suchenden Menschen mit Laternen schon mehr als einmal die Rettung vorgetäuscht, um dann in den blutigen, trüben Nachtnebel zu entfliehen.

Wir gingen weiter und stießen gleich darauf auf zwei neue Verwundete; der eine lag auf dem Bahndamm, der andere stöhnte unten im Graben. Als wir sie aufnahmen, rief der Doktor, vor innerer Erregung bebend, mir zu:

»Nun, was ist mit ihnen?«

Ohne die Antwort abzuwarten, wandte er sich ab. Ein paar Schritte weiter begegneten wir einem Leichtverwundeten, der uns selbst ohne fremde Hilfe entgegenkam; er stützte den einen, verwundeten Arm mit dem andern, schritt mit hocherhobenem Kopfe auf uns zu und schien, als wir zur Seite traten und ihm Platz machten, uns gar nicht zu bemerken. Vor der Lokomotive blieb er einen Augenblick stehen, bog dann um sie herum und ging an den Waggons entlang weiter.

»Steig doch ein!« rief der Doktor ihm zu, doch er gab keine Antwort.

Das waren die ersten, die uns noch Schrecken einflößten. Dann fanden wir ihrer immer mehr, auf dem Bahndamm und in seiner Nähe; das ganze, in der unbeweglichen roten Feuerlohe düster schimmernde Feld wimmelte von ihnen, als wäre es lebendig geworden, und es hallte wieder von ihrem lauten Geschrei, ihrem Ächzen, Fluchen und Stöhnen. Gleich dunklen kleinen Hügeln hoben sie sich ab von dem Blachfeld – beweglichen Hügeln, die durcheinander krochen wie schläfrig krabbelnde Riesenkrebse, ganz seltsam anzuschauen und mit ihren zuckenden, ruckweisen Bewegungen, ihrer kraftlosen Schwerfälligkeit kaum noch Menschen ähnlich. Die einen verhielten sich still und gehorsam, die anderen stöhnten, heulten, fluchten und haßten uns, die wir zu ihrer Rettung gekommen waren, so leidenschaftlich, als ob wir diese blutige, erbarmungslose Nacht heraufbeschworen, als ob wir ihre hilflose Vereinsamung inmitten der Leichen ringsum und ihre entsetzlichen Wunden verursacht hätten. Wir hatten keinen Platz mehr in unseren Waggons, und unsere Kleider waren ganz naß von Blut, als wenn wir lange in einem Blutregen gestanden hätten – und immer noch trugen wir Verwundete herbei, immer noch wimmelte und wogte diese unheimliche, lebendig gewordene Fläche.

Etliche krochen selbst auf allen Vieren herbei, andere kamen schwankend herangeschritten und brachen hilflos zusammen. Ein Soldat kam förmlich im Sturm herangerast. Sein Gesicht war zerschmettert, er hatte nur ein Auge, das wild und unheimlich glühte, und er war fast nackt, als wenn er aus der Badestube käme. Er stieß mich zur Seite, nahm sich den Doktor aufs Korn und packte ihn mit seiner Linken wütend an der Brust.

»Kriegst gleich was ins Maul!« schrie er, während er den Doktor schüttelte, und fügte ein boshaft cynisches Schimpfwort hinzu. »Kriegst gleich was ins Maul, du Schuft!«

Der Doktor machte sich von ihm los und schrie seinerseits, während er auf ihn eindrang, mit halberstickter Stimme:

»Ich bring' dich vor das Kriegsgericht, Schurke! Du hinderst mich bei der Arbeit! Hallunke! Bestie!«

Man brachte sie auseinander, aber lange noch hörte man das Schimpfen des Soldaten: »Schuft du! Kriegst gleich was ins Maul!«

Ich war schon ganz erschöpft und ging auf die Seite, um eine Zigarette zu rauchen und ein wenig zu verschnaufen. Von dem angetrockneten Blute sahen meine Hände aus, als wenn sie in schwarzen Handschuhen steckten. Die Finger hatten ihre Biegsamkeit verloren und vermochten kaum, die Zündhölzer und die Zigarette zu halten. Als ich diese endlich in Brand gesetzt hatte, schien mir der Rauch einen ganz besonderen, seltsamen Geschmack zu haben, wie ich ihn noch nie beobachtet hatte. Der Student, der als Krankenträger mit uns gekommen war, trat auf mich zu; es war mir, als hätte ich ihn nicht erst heute kennen gelernt, vor einer Stunde, sondern vor einer Reihe von Jahren, doch konnte ich mich nicht entsinnen, wo es gewesen. Festen Schrittes kam er auf mich zu, gleichsam marschierend, wobei er durch mich hindurch in die Ferne starrte.

»Sie schlafen,« sagte er in vollkommen ruhigem Tone. Seine Worte waren mir unverständlich, doch glaubte ich einen Vorwurf herauszulesen und brauste auf:

»Sie vergessen, daß sie zehn Tage lang wie die Löwen gekämpft haben!«

»Sie schlafen,« wiederholte er in demselben Tone und schaute durch mich hindurch, irgendwohin, in die Höhe. Dann neigte er den Kopf zu mir herab und sagte, mit dem Finger drohend, in demselben ruhigen, trockenen Tone:

»Ich will Ihnen nur sagen ... ich will Ihnen nur sagen ...«

»Was denn?«

Er beugte sich noch tiefer, drohte wieder bedeutsam mit dem Finger und wiederholte:

»Ich will Ihnen nur sagen ... ich will Ihnen nur sagen ... ich will Ihnen nur sagen ...«

Und mit demselben strengen Blick auf mich zog er seinen Revolver hervor, setzte ihn an und schoß sich durch die Schläfe. Und das setzte mich weder in Erstaunen, noch erschreckte es mich. Ich nahm die Zigarette in die linke Hand, betastete mit dem Finger seine Wunde und begab mich zu den Waggons.

»Der Student hat sich eben in den Kopf geschossen,« sagte ich zum Doktor, »ich glaube, er lebt noch.«

Der Doktor faßte sich an den Kopf und stöhnte laut auf:

»Hol' ihn doch der Teufel! Wir haben ja gar keinen Platz mehr. Auch dieser da« – er zeigte nach einem anderen Krankenträger, gleichfalls einem Studenten – »wird sich gleich erschießen. Ich gebe Ihnen mein Ehrenwort darauf. Und auch ich« – seine Stimme klang zornig und drohend – »auch ich tue es! Ja! Wer jetzt noch kommt, mag zu Fuß gehen. Es ist kein Platz mehr da. Wem's nicht paßt, der soll sich beschweren.«

Immer noch weiterschreiend, kehrte er mir den Rücken, ich aber trat zu dem Studenten hin, der nach des Doktors Meinung sich gleichfalls erschießen wollte. Mit der Stirn gegen den Waggon gestützt, stand er da und schluchzte so heftig, daß seine Schultern konvulsivisch zuckten.

»Hören Sie auf,« sagte ich, ihn an der Schulter fassend.

Er wandte sich nicht einmal um, antwortete nicht und weinte nur, weinte. Sein Nacken machte denselben jugendlichen Eindruck wie der Nacken des anderen, der sich erschossen hatte. Er stand breit da, wie ein Betrunkener, den das Brechen ankommt, und sein Hals war ganz blutig – er hatte wohl mit den Händen hingefaßt.

»Nun?« sprach ich ungeduldig.

Er schwankte fort von dem Waggon und schritt mit gesenktem Kopfe, gebückt wie ein Greis, aufs Geratewohl in das nächtliche

Dunkel hinein, hinweg von den andern. Ich schloß mich ihm an und ging, ich weiß nicht, warum, mit ihm immer weiter. Irgendwohin abseits schritten wir; die Waggons lagen bald weit hinter uns. Er schien zu weinen, und auch mir ward so gramvoll schwer ums Herz, daß ich am liebsten geweint hätte.

»Halt!« rief ich ihm dann plötzlich zu und blieb stehen. Er aber ging weiter, mit schleppenden, schweren Schritten, und mit den schmalen Schultern und dem gekrümmten Rücken sah er aus wie ein müder, alter Mann. Bald war er in dem rotgrauen Nebel, der zu leuchten schien und doch nichts recht erleuchtete, meinem Blick entschwunden. Ich blieb allein zurück.

Zu meiner Linken, weit, weit weg von mir, sah ich eine Reihe kleiner, trüber Lichter sich bewegen – es war der Eisenbahnzug, der davonfuhr. Ich war allein unter den Toten und Sterbenden. Wie viel waren ihrer noch zurückgeblieben! In meiner Nähe war alles still und tot, weiterhin aber wimmelte und zuckte das Feld noch, als wenn es lebte – oder vielleicht schien mir das nur so, weil ich allein war. Aber das Ächzen und Stöhnen verstummte nicht. Es hallte weithin über die Erde und klang jetzt so leise, so hoffnungslos wie das stille Weinen eines Kindes, oder wie das Winseln von tausend jungen Hunden, die, in die Winterkälte hinausgeworfen, hilflos erfroren. Wie eine spitze, endlos lange Eisnadel bohrte sich dieses stille Stöhnen ins Gehirn und bewegte sich darin langsam hin und her, immer hin und her ...

Sechstes Fragment

... Es waren in der Tat die Unsrigen. In dem tollen Wirrwarr, der während des letzten Monats in den Bewegungen beider Armeen, der unsrigen sowohl wie der feindlichen, geherrscht und alle Dispositionen und Pläne gestört hatte, waren wir fest davon überzeugt gewesen, daß der Feind – und zwar das vierte feindliche Korps – gegen uns heranrücke. Schon war alles zum Angriff bereit, als jemand durchs Fernrohr deutlich unsere Uniformen erkannte, und zehn Minuten später war die Vermutung uns zur beruhigenden Gewißheit geworden, daß es wirklich unsere Leute waren, die auf uns zu marschierten. Und auch sie hatten uns offenbar erkannt: sie kamen in aller Ruhe an uns heran, und aus dieser ruhigen Bewegung fühlte man gewissermaßen die gleiche Freude über die unerwartete Begegnung heraus, die wir selbst empfanden.

Und als sie dann zu schießen anfingen, konnten wir eine Zeitlang gar nicht begreifen, was das bedeute, und lächelten noch – als plötzlich ein Hagel von Schrapnells und Kugeln über uns herabkam und uns zu Hunderten niedermähte. Irgend jemand schrie, es liege ein Mißverständnis vor, aber nun sahen wir schon alle – ich erinnere mich dessen ganz genau – daß es der Feind war, daß es seine Uniform, nicht die unsrige war, und wir erwiderten sofort das Feuer. Fünfzehn Minuten etwa nach dem Beginn dieses merkwürdigen Kampfes wurden mir beide Beine weggerissen, und ich kam erst im Lazarett, nach der Amputation, wieder zum Bewußtsein.

Ich fragte, wie der Kampf geendet habe, aber man gab mir eine ausweichende, beschwichtigende Antwort, aus der ich entnahm, daß wir geschlagen waren; und dann gab ich mich ganz der Freude darüber hin, daß man mich nun, wenn auch ohne Beine, nach Hause schicken würde, daß ich doch wenigstens noch am Leben war und vielleicht noch lange, lange leben würde. Erst eine Woche später vernahm ich einige Einzelheiten, die von neuem allerhand Zweifel in mir erregten und eine mir bisher fremde Befürchtung und Unruhe in mir weckten.

Ja, es scheint wirklich, daß es die Unsrigen waren – eine unserer eigenen Granaten, aus einem unserer Geschütze, hatte mir die Beine weggerissen, und einer unserer Soldaten hatte es abgefeuert. Und niemand vermochte Auskunft darüber zu geben, wie das nur geschehen konnte. Irgend etwas war da eingetreten, irgend etwas hatte die Blicke getrübt, und zwei Regimenter derselben Armee, die sich auf eine Werst Entfernung gegenüberstanden, hatten sich eine ganze Stunde lang gegenseitig unter ein mörderisches Feuer genommen, in der festen Ueberzeugung, daß sie es mit dem Feinde zu tun hätten. Man sprach von diesem Zwischenfall nicht gern, nur so in Andeutungen, und – was das Sonderbarste war: es herrschte die Empfindung vor, als ob viele von denen, die über die Angelegenheit sprachen, den Irrtum noch immer nicht zugeben wollten. Oder vielmehr, sie gaben ihn wohl zu, doch meinten sie, das Mißverständnis sei erst später eingetreten. Im Anfang hätten sie es wirklich mit dem Feinde zu tun gehabt, der in der allgemeinen Verwirrung irgend wohin verschwunden sei, so daß wir nun den Geschossen unserer eigenen Landsleute preisgegeben waren. Etliche sprachen ganz offen davon, wobei sie ausführliche Schilderungen gaben, die ihnen selbst durchaus wahrscheinlich und klar erschienen. Ich selbst kann es bis heute nicht mit voller Bestimmtheit sagen, wie dieses verhängnisvolle Mißverständnis begonnen hatte, da ich mit gleicher Deutlichkeit zuerst unsere roten und dann die orangefarbigen feindlichen Uniformen gesehen hatte. Sehr bald wurde der Vorfall von allen vergessen, so zwar, daß man von ihm nur noch wie von einem wirklichen Treffen sprach, und in diesem Sinne wurden auch zahlreiche, durchaus aufrichtig gemeinte Korrespondenzen abgesandt; ich habe später, als ich schon daheim war, einige davon gelesen. Gegen uns, die wir in diesem Kampfe verwundet worden waren, verhielt man sich anfangs ein wenig sonderbar – es war, als ob man uns weniger bemitleidete als die übrigen Blessierten, doch glich auch dieser Unterschied sich sehr bald aus. Nur der Umstand, daß bald neue, ähnliche Vorfälle sich ereigneten, daß beispielsweise bei der feindlichen Armee zwei Detachements zur Nachtzeit ganz dicht auf einander gerieten und sich buchstäblich aufrieben – nur dieser Umstand berechtigt mich zu der Annahme, daß in der Tat ein Mißverständnis vorlag ...

Unser Arzt – derselbe, der die Amputation ausgeführt hatte, ein magerer, knochiger alter Herr, der ganz abscheulich nach Jodoform, Tabakrauch und Karbol roch und beständig unter seinem gelbgrauen, dünnen Schnurrbart über irgend etwas lächelte, sagte mir mit pfiffigem Augenblinzeln:

»Seien Sie froh, daß Sie nach Hause fahren dürfen! Hier ist es nicht recht geheuer ...«

»Wieso denn?«

»So ... Einfach nicht geheuer. Zu unserer Zeit war das alles viel einfacher.«

Er hatte vor einem Vierteljahrhundert an unserem letzten europäischen Kriege teilgenommen und gab gern seine Erinnerungen aus jener Zeit zum besten. Diesem jetzigen Kriege jedoch stand er ohne Verständnis gegenüber, ja er fürchtete ihn sogar, wie ich beobachten konnte.

»Ja, es ist hier etwas nicht in Ordnung,« sprach er dumpf aus einer Wolke von Tabakqualm hervor und zog finster die Brauen zusammen, »Ich selbst würde mich aus dem Staube machen, wenn ich nur könnte.«

Dann neigte er sich über mich und flüsterte unter seinem gelben, verräucherten Schnurrbart hervor:

»Es wird bald ein Moment eintreten, da niemand mehr von hier fortkönnen wird. Ja – weder ich, noch sonst jemand –« und in seinen kurzsichtigen alten Augen bemerkte ich jenen starren Ausdruck stumpfen Erstaunens, den ich schon früher bei anderen beobachtet hatte. Und eine Vorstellung, grausig, unerträglich – die Vorstellung von einem jähen, furchtbaren Zusammenbruch – zuckte durch mein Hirn, und vor Angst erschauernd, flüsterte ich:

»Das rote Lachen ...«

Und er war der erste, der mich verstand. Er nickte hastig mit dem Kopfe und sagte beipflichtend:

»Ja ... das rote Lachen!«

Er setzte sich ganz dicht neben mich, sah sich nach allen Seiten um und sagte im Flüsterton, während sein spitzer grauer Kinnbart krampfhaft zuckte:

»Sie werden bald von hier wegkommen, Ihnen kann ich's also sagen. Haben Sie einmal zugesehen, wenn sich die Leute im Tollhause prügeln? Nein? Ich hab's gesehen. Sie prügelten sich ganz so wie die Gesunden – verstehen Sie: ganz wie die Gesunden ...«

Er wiederholte diesen Ausdruck mehrmals mit vielsagender Miene.

»Und was weiter?« fragte ich, gleichfalls flüsternd und erschrocken.

»Nichts weiter. Wie die Gesunden ...«

»Das rote Lachen,« sagte ich.

»Man mußte sie mit Wasser begießen, um sie zu trennen.«

Ich dachte an den Regen, der uns so erschreckt hatte, und wurde ärgerlich über die Geheimniskrämerei des Doktors.

»Sie haben den Verstand verloren, Doktor,« sagte ich.

»Nicht mehr als Sie,« versetzte er. »Jedenfalls nicht mehr als Sie!«

Er schlug seine Arme um die spitzen, alterssteifen Kniee und kicherte; und indem er mich, immer noch das seltsame, peinliche Lächeln um die mageren Lippen, über die Schulter hinweg anschielte, blinzelte er mir mehrmals listig zu, als ob wir beide, er und ich, irgend etwas sehr Lustiges wüßten, das sonst niemandem bekannt war. Dann hob er mit der Feierlichkeit eines Zauberkünstlers, der seine Taschenspielerstückchen produziert, die Arme hoch empor, senkte sie langsam herab und berührte vorsichtig mit zwei Fingern die Stelle der Bettdecke, an der meine Beine hätten sein müssen, wenn man mir sie nicht abgesägt hätte.

»Und das – verstehen Sie das da?« fragte er geheimnisvoll.

Dann strich er ebenso feierlich und bedeutsam mit der Hand über die Reihe der Betten hin, auf denen die übrigen Verwundeten lagen, und wieberholte:

»Und das – können Sie das erklären?«

»Das sind Verwundete,« sagte ich, »Verwundete ...«

»Verwundete ...« klang es wie ein Echo aus seinem Munde – »ja, Verwundete. Menschen ohne Beine, ohne Arme, mit zerrissenem Unterleib, zerschmetterter Brust, herausgerissenen Augen. Verstehen Sie das? Sollte mich freuen! Dann werden Sie auch das da verstehen?!«

Mit einer Gewandtheit, die man seinen Jahren nicht mehr zugetraut hätte, überschlug er sich plötzlich, stand vor mir auf den Händen und balancierte mit den Beinen in der Luft, Der weiße Kittel glitt über seinen Nacken, das Blut stieg ihm ins Gesicht, und indem er seine unheimlich rollenden Augen starr auf mich heftete, warf er mit Mühe die abgerissenen Worte hin:

»Und das da ... das Laufen auf den Armen ... verstehen Sie ... das?«

»Hören Sie auf,« flüsterte ich erschrocken, »sonst schrei' ich!«

Er überschlug sich, nahm wieder seine natürliche Haltung ein, setzte sich an mein Bett, räusperte sich heftig und sagte in lehrhaftem Tone:

»Niemand, sag' ich Ihnen, niemand versteht das, was hier vorgeht!«

»Gestern wurde wieder geschossen,« versetzte ich.

»Gestern wurde geschossen ... und vorgestern wurde geschossen ...« meinte er und nickte mit dem Kopfe.

»Ich möchte nun bald nach Hause fahren,« sagte ich voll unruhiger Sehnsucht. – »Doktor, lieber Doktor – ich will nach Hause! Ich darf nicht länger hier bleiben! Ich glaube es beinahe nicht mehr, daß es für mich ein Heim ... ein Zuhause gibt!«

Seine Gedanken weilten irgendwo weit ab, und er antwortete mir nicht. Ich begann zu weinen.

»O Gott, ich bin ein Krüppel – ein Mensch ohne Beine! Ich fuhr so gern auf dem Zweirad, machte so gern Fußtouren, übte mich so gern im Dauerlauf – und nun habe ich keine Beine! Auf meinem linken Bein ließ ich immer meinen Sohn reiten, worüber er jedesmal so vergnügt lachte – und nun? ... Fluch über euch! Was soll ich nun zu Hause? Ich zähle kaum dreißig Jahre ... Fluch über euch!«

Und ich schluchzte, als ich so an meine kräftigen, flinken Beine, meine lieben, guten Beine dachte. Wer hat sie mir abgenommen? Wer war's, der es wagte, sie mir abzunehmen?

»Hören Sie mal,« sagte der Doktor, indem er zur Seite sah, »gestern sprach hier bei uns ein verrückt gewordener Soldat vor. Ein feindlicher Soldat. Er war fast ganz nackt, hatte am ganzen Körper nichts als Beulen und Schrammen und war hungrig wie ein Wolf; er war ganz mit Haaren bedeckt, wie wir alle, und glich völlig einem Wilden, einem Urmenschen, einem Affen. Er fuchtelte mit den Armen in der Luft, schnitt Grimassen, sang und schrie und suchte mit uns Händel. Man gab ihm zu essen und trieb ihn wieder hinaus, ins Feld. Was soll man mit diesen armen Burschen anfangen? Tag und Nacht irren sie gleich zerlumpten, unheimlichen Gespenstern auf den Hügeln umher, dahin und dorthin, immer querfeldein, ohne Weg, ohne Ziel, ohne Unterkunft. Sie fuchteln mit den Armen, lachen, schreien und singen, und wenn sie einander begegnen, dann prügeln sie sich, oder sie sehen sich gegenseitig gar nicht und gehen aneinander vorüber. Wovon sie sich nähren? Wahrscheinlich von gar nichts, oder vielleicht von den Leichen der Gefallenen, zusammen mit den wilden Tieren und mit diesen vollgefressenen, verwilderten Hunden, die sich zur Nachtzeit heulend und winselnd auf den Hügeln herumtreiben. Gleich Vögeln, die der Sturm aufgejagt hat, oder gleich mißgestalteten, ruppigen Motten sammeln sie sich zur kühlen Nachtzeit um die Wachtfeuer; man braucht nur solch ein Feuer anzuzünden, und in einer halben Stunde tauchen Wohl ein Dutzend dieser schreienden, zerlumpten, wüsten, halberfrorenen, Affen ähnlichen Gestalten davor auf. Man schießt bisweilen nach ihnen aus Versehen, oder auch absichtlich, wenn ihr törichtes, beängstigendes Geschrei schon gar zu sehr die Geduld erschöpft ...«

»Ich will heimfahren!« schrie ich, mir die Ohren zuhaltend. Aber wie durch Wattepfropfen, dumpf und unheimlich, drangen immer aufs neue seine schauerlichen Worte in mein gequältes Hirn:

»So viel, so viele sind ihrer! Sie sterben zu Hunderten in den Schluchten und Wolfsgruben, die doch für die Gesunden, Nichtverrückten bestimmt sind, und in den Stacheldrahthecken; sie mischen sich unter die regulären, vernünftigen Streiter und schlagen sich wie die Helden: immer sind sie voran im Kampf, immer furchtlos und tapfer – – nur daß sie häufig ihren eigenen Leuten die Schädel einschlagen. Das sind Kerle nach meinem Geschmack! Ich sitze hier nur noch so lange plaudernd bei Ihnen, bis ich vollends verrückt geworden bin – dann, wenn das letzte Fünkchen Vernunft zum

Teufel ist, zieh' ich hinaus ins Feld, hinaus, und lasse einen Schrei ertönen, einen Schrei so gellend wild, und sammle sie alle um mich, diese Tapferen, diese Ritter ohne Furcht und Tadel, und erkläre der ganzen Welt den Krieg. Mit Musik uud Schlachtgesang werden wir in die Städte und Dörfer einbrechen, und wo wir auftauchen, dort wird alles rot aufleuchten, dort wird alles wirbeln und tanzen wie des Feuers Gluten. Wer noch nicht tot ist, wird sich uns anschließen, und unser tapferes Heer wird wachsen wie eine Lawine, und es wird über die ganze Welt wie ein reinigendes Gewitter hinfegen. Wer hat's denn gesagt, daß man nicht morden, sengen und rauben dürfe? ...«

Er schrie ganz laut, dieser verrückte Doktor, und rief mit seinem Geschrei gleichsam den schlummernden Schmerz all der Unglücklichen wach, die ringsum mit zerschmetterter Brust, zerrissenem Unterleib, herausgerissenen Augen und amputierten Beinen auf ihren Betten lagen. Ein knirschendes, schluchzendes, dumpfes Stöhnen erfüllte die Baracke, und von allen Seiten wandten sich bleiche, gelbe, erschöpfte Gesichter nach uns um, manche ohne Augen, andere auf andere Weise so furchtbar entstellt, als ob sie aus der Hölle zurückgekehrt wären. Sie stöhnten und hörten zu, und durch die offene Tür spähte verstohlen der schwarze, formlose Schatten herein, der sich über der Welt erhoben. Und der verrückte Alte schrie, die Arme weit ausstreckend:

»Wer hat's denn gesagt, daß man nicht morden, sengen und rauben dürfe? Wir werden morden, und auch rauben, und sengen. Eine fröhliche, sorglose Schar von tapferen Recken, werden wir alles in Grund und Boden vernichten: ihre Staatsgebäude, ihre Universitäten und Museen, und auf den Ruinen werden wir, tolle Kinder der Lust, voll feurigen Lachens einen Tanz aufführen. Das Tollhaus werde ich zu unserem Vaterland proklamieren, und wer noch nicht den Verstand verloren hat, den werde ich für einen Verrückten und Vaterlandsfeind erklären; und wenn ich endlich als der große, unüberwindliche Triumphator, als der einzige Herr und Gebieter den Weltenthron besteige – ha, welch ein unbändiges Lachen wird dann das Weltall erschüttern!«

»Das rote Lachen!« schrie ich, ihn unterbrechend. »Rettet mich! Ich hör' es wieder – das rote Lachen!«

»Freunde!« fuhr der Doktor fort, indem er sich zu den stöhnenden, verstümmelten Schatten ringsum wandte – »Freunde! Wir werden einen roten Mond und eine rote Sonne haben, und die Tiere werden ein so spaßiges, rotes Fell haben, und wer uns zu weiß, uns nicht rot genug ist – dem werden wir einfach das Fell abziehen! ... Habt ihr schon einmal Menschenblut getrunken? Es ist ein bischen klebrig, und ein bischen warm, aber es ist rot, und es hat ein so lustiges, rotes Lachen! ...«

Siebentes Fragment.

... Es war ruchlos, es war ungesetzlich. Das rote Kreuz wird von der ganzen Welt als etwas Heiliges respektiert, und sie sahen, daß nicht ein Militärzug, sondern ein Zug mit hilflosen Verwundeten daherkam, und sie hatten darauf aufmerksam machen müssen, daß dort eine Mine gelegt war. Die armen Leute, sie hatten schon von der Heimat geträumt ...

Achtes Fragment.

... Ein Samowar! Ein richtiger Samowar, aus dem der Dampf aufsteigt wie aus einer Lokomotive. Und dieselben Schälchen, außen blau und innen weiß – dieselben niedlichen Schälchen, die man uns damals zu unserer Hochzeit geschenkt hat. Die Schwester meiner Frau, eine treffliche, gutherzige Person, hatte sie geschenkt.

»Sind sie wirklich noch alle ganz?« fragte ich zweifelnd, während ich mit dem zierlichen silbernen Teelöffel in meinem Glase rührte.

»Eins ist zerschlagen,« sagte meine Frau obenhin; sie hatte den eben geöffneten Hahn des Samowars in der Hand, aus dem das heiße Wasser klar und rasch hervorquoll.

Ich lachte auf.

»Was gibt's denn?« fragte mein Bruder.

»Nichts weiter,« antwortete ich. »Nun könntet ihr mich noch einmal in mein Kabinettchen fahren. Laßt es euch nicht verdrießen, tut's dem tapferen Helden zu Liebe! Ihr habt genug gefaulenzt, während ich fort war – jetzt heißt es sich rühren! Ich werde euch straff an die Kandare nehmen!«

Und im Scherz begann ich zu singen: »Wohlan denn, aus den Feind, ihr Freunde, auf zum Streite! ...«

Sie gingen auf den Scherz ein und lächelten gleichfalls, nur meine Frau blickte nicht auf: sie wischte gerade die Schälchen mit einem sauberen, gestickten Handtuch aus.

Im Kabinett erwartete mich der langst bekannte Anblick: die blaue Tapete, die Lampe mit der grünen Glocke und der kleine Tisch, auf dem die Wasserkaraffe stand. Sie war von einer leichten Staubschicht bedeckt.

»Gießt mir doch, bitte, ein Glas Wasser ein!« sagte ich munter.

»Du hast ja eben erst Tee getrunken!«

»Tut nichts, tut nichts, gießt nur ein! Und du,« sagte ich zu meiner Frau, »nimm mal den Jungen und setz' dich ein Weilchen in das Zimmer da, bitte!«

Schlückchen für Schlückchen trank ich mit Behagen das Wasser – und im anstoßenden Zimmer saß meine Frau mit meinem kleinen Sohne, und ich sah sie nicht.

»So war's recht. Und nun kommt hierher, zu mir. Aber warum ist denn der junge Mann noch so spät auf?«

»Er freut sich, daß du zurück bist. Geh doch zum Papa, Herzchen!«

Aber der Kleine begann zu weinen und versteckte sich in Mamas Schoß.

»Warum weint er denn?« fragte ich verdutzt und sah mich rings um, »Und warum seid ihr überhaupt alle ... so bleich und so einsilbig, und huscht um mich herum wie die Schatten?«

Der Bruder lachte laut auf und sagte:

»Wir sind doch nicht einsilbig!«

Und die Schwester sekundierte ihm:

»Wir reden doch in einem fort!«

»Ich muß einmal sehen, wie weit das Abendbrot ist,« sagte die Mutter und ging hastig hinaus.

»Gewiß, ihr seid so schweigsam,« wiederholte ich mit Bestimmtheit. »Seit dem frühen Morgen höre ich nicht ein Wort von euch, ich allein schwatze immerzu und lache und freue mich. Freut ihr euch denn nicht, daß ich zurück bin? Und warum weicht ihr mir immer mit euren Blicken aus? Habe ich mich denn so sehr verändert? Es muß wohl der Fall sein. Ich sehe auch keine Spiegel. Ihr habt sie wohl fortgenommen? Gebt mir doch mal einen Spiegel her!«

»Gleich bring' ich ihn,« sagte meine Frau; sie kam lange nicht zurück, und den Spiegel brachte schließlich das Stubenmädchen. Ich blickte hinein – und sah dasselbe Gesicht, das ich bereits unterwegs im Waggon und auf den Bahnhöfen gesehen hatte: es war mein altgewohntes Gesicht, etwas gealtert, aber sonst ganz dasselbe. Sie schienen erwartet zu haben, daß ich vielleicht aufschreien oder in Ohnmacht fallen würde, und um so mehr freuten sie sich, als ich in aller Ruhe fragte:

»Ja – was ist denn so ungewöhnlich an meinem Gesicht?«

Laut lachend ging die Schwester hinaus, der Bruder aber sagte in ruhigem, überzeugungsvollem Tone:

»Ja, du hast dich nur wenig verändert. Eine kleine Glatze hast du bekommen.«

»Danke dem Herrgott, daß ich wenigstens meinen Kopf behalten habe,« versetzte ich mit Gleichmut. »Aber wohin sind sie denn alle ausgerückt? Erst die eine, dann die andere ... Fahr mich doch noch ein bißchen durch die Zimmer! Ein prächtiger Stuhl - so bequem und völlig geräuschlos! Was hat er gekostet? Auf's Geld soll's mir sicherlich nicht ankommen: ein Paar Beine will ich mir kaufen, besser als ... ah, da hängt ja auch mein Zweirad!«

Es hing an der Wand, noch so gut wie neu, nur daß die Pneumatiks schlaff geworden waren. Am Hinterrad haftete noch etwas trockener Schmutz - von der letzten Radtour, die ich damals, vor dem Ausmarsch, unternommen hatte. Der Bruder schwieg und schob den Stuhl nicht weiter, und ich verstand sein Schweigen und Zögern.

»Von unserem Regiment sind nur vier Offiziere am Leben geblieben,« sagte ich düster. »Ich habe noch Glück gehabt ... Und das da - « ich wies auf das Zweirad, »das kannst du jetzt benutzen, nimm es dir gleich morgen.«

»Gut, ich will's nehmen,« sagte der Bruder in ergebungsvollem Tone. »Ja, du hattest noch Glück. Die halbe Stadt hat bei uns Trauer. Und die Beine - nun, die sind ... schließlich ...«

»Natürlich. Ich bin ja kein Briefträger!«

Der Bruder blieb plötzlich stehen und fragte:

»Sag' mal - wovon zittert eigentlich ... dein Kopf so?«

»Hat nichts zu sagen ... wird vergehen, meinte der Doktor.«

»Und auch deine Hände zittern?«

»Ja, ja - auch die Hände. Wird alles vergehen. Fahr mich nun, bitte, ein bißchen, das Stehen langweilt mich.«

Sie hatten mich aus der Stimmung gebracht, diese Leutchen, die mit mir so gar nicht zufrieden schienen. Aber die Freude kehrte wieder ein, als man mir mein Bett bereitete - ein wirkliches Bett, mit wirklichen, weichen Kissen, die auf einer hübschen Bettstelle lagen; ich hatte diese Bettstelle vor vier Jahren, als wir Hochzeit machten, selbst gekauft. Ein reines Laken wurde darüber gedeckt, dann wurden die Kissen tüchtig aufgeschüttelt und die Decke umgeschlagen: ich war Zeuge dieser feierlichen Zeremonie, und die Tränen standen mir in den Augen vor Lachen.

»Und nun zieh mich aus und bring mich zu Bett!« sagte ich zu meiner Frau. »O, wie ich mich darauf freue!«

»Sofort, mein Lieber!«

»Nur rasch, rasch!«

»Sofort, mein Lieber!«

»Ja, was ist dir denn?«

»Sofort, mein Lieber!«

Sie stand hinter mir, neben der Waschtoilette, und ich wandte hastig den Kopf nach ihr um. Und da schrie sie plötzlich auf, so jäh und laut, wie man sonst nur dort draußen auf dem Schlachtfelde schreit:

»Was ist denn das? Was ist das?«

Und sie stürzte auf mich zu, umarmte mich, warf sich vor mir nieder und barg ihren Kopf an meinen verstümmelten Gliedmaßen, wich schaudernd zurück und schmiegte sich wieder an, wobei sie diese unglücklichen Stummel mit Küssen bedeckte und schluchzend ausrief:

»O, mein Lieber, Guter! Was ist denn aus dir geworden?! Du zählst doch erst dreißig Jahre! Du warst jung und schön. O, was ist das, was ist das? Wie grausam sind doch die Menschen! Warum das? Wer hat einen Nutzen davon? Du mein armer, stiller Junge, mein Lieber, Lieber ...«

Und auf ihr Geschrei kamen alle herbeigelaufen, die Mutter, die Schwester, die Kinderfrau, und sie alle weinten und sprachen durcheinander und warfen sich vor mir zu Boden und weinten so bitterlich. Auf der Türschwelle aber stand der Bruder, bleich, ganz bleich, und seine Kinnlade bebte, und er schrie in wimmerndem Tone:

»Ich werde bei euch hier verrückt, ich werde verrückt!«

Und die Mutter kroch um meinen Rollsessel herum und weinte nicht mehr, sondern röchelte nur noch heiser und schlug mit dem Kopfe gegen die Räder des Sessels. Dort aber, an der Wand, stand das saubere Bett mit den aufgeschütteten Kissen und der umgeschlagenen Decke, dasselbe Bett, das ich vor vier Jahren gekauft hatte – damals, als wir Hochzeit machten.

Neuntes Fragment.

... Ich saß in der Badewanne im warmen Wasser, und mein Bruder ging unruhig in dem kleinen Räume auf und ab, setzte sich, stand wieder auf, nahm bald die Seife, bald das Laken in die Hand, hielt beides an seine kurzsichtigen Augen und legte es wieder zurück. Dann drehte er sich mit dem Gesicht zur Wand um, begann mit dem Finger an dem Kalkbewurf herumzukratzen und fuhr hitzig in seiner Rede sort:

»Urteile doch selbst: man lehrt doch nicht ungestraft den Menschen jahrzehnte- und jahrhundertelang mitleidig, verständig und logisch zu sein, nicht umsonst erzieht man ihn zu einem vernünftigen, bewußt handelnden Wesen! Das klare Bewußtsein – das ist's, worauf es ankommt. Man kann wohl das Mitleidsgefühl einbüßen, kann die Empfindungsfähigkeit verlieren, kann sich an den Anblick von Blut und Tränen und Leiden gewöhnen, wie dies bei den Metzgern oder bei manchen Ärzten und Militärs der Fall ist; wie aber ist es möglich, daß der Mensch, wenn er einmal die Wahrheit erkannt hat, ihr wieder entsage? Nach meiner Ansicht ist das einfach unmöglich. Von Kindheit an hat man mich gelehrt, die Tiere nicht zu quälen, barmherzig zu sein; dasselbe haben mich alle Bücher gelehrt, die ich gelesen habe, und ich empfinde ein schmerzliches Mitleid mit allen jenen, die unter eurem fluchwürdigen Kriege zu leiden haben. Aber nach und nach fange ich an, mich an alle diese Todesfälle, diese Leiden, dieses Blutvergießen zu gewöhnen; ich fühle deutlich, daß ich auch sonst im täglichen Leben weniger empfindlich, weniger teilnahmsvoll werde und nur noch auf die stärksten Eindrücke reagiere. An die Tatsache des Krieges selbst jedoch vermag ich mich nicht zu gewöhnen, meine Vernunft sträubt sich dagegen, das zu begreifen und klar zu erfassen, Was eben seinem innersten Wesen nach unvernünftig ist. Eine Million Menschen versammeln sich an einer Stelle, sie schlagen sich gegenseitig tot, sie suchen ihr Verhalten mit allen möglichen Gründen zu rechtfertigen, sie fühlen alle miteinander das Qualvolle ihrer Lage, sind alle gleich unglücklich darüber – – ja, sag' einmal: was ist das? Ist das nicht heller Wahnsinn?«

Der Bruder wandte sich um und sah mich mit seinen kurzsichtigen, etwas naiv dreinschauenden Augen fragend an.

»Das rote Lachen ist's,« sagte ich in scherzendem Tone und plätscherte im Wasser.

»Und ich will dir die Wahrheit sagen« – fuhr der Bruder fort, während er seine kalte Hand vertraulich auf meine Schulter legte, um sie gleich wieder fortzuziehen, als ob er darüber erschrocken wäre, daß meine Schulter nackt und naß war – – »ich will dir die Wahrheit sagen: ich fürchte sehr, daß ich den Verstand verliere. Ich kann nicht begreifen, was eigentlich in der Welt vorgeht. Wenn mich doch irgend jemand darüber aufklären wollte – aber kein Mensch vermag es! Du hast den Krieg mitgemacht, du hast alles gesehen – erkläre mir es doch!«

»Geh zum Teufel!« sagte ich scherzend und plätscherte im Wasser.

»Auch du kannst es mir nicht sagen,« fuhr er traurig fort – »kein Mensch kommt mir zu Hilfe. Das ist entsetzlich. Ich kann einfach nicht mehr begreifen, was möglich und was unmöglich, was vernünftig und was unvernünftig ist. Wenn ich dich jetzt an der Kehle fasse, zuerst ganz leicht, als ob ich dich liebkosen wollte, und dann immer fester und fester, bis ich dich erwürgt habe – sag' einmal, was wäre das?«

»Du redest Unsinn. Niemand tut so etwas.«

Der Bruder rieb sich die kalten Hände, lächelte still und fuhr fort:

»Als du noch dort warst, gab es Nächte, in denen ich nicht schlief, nicht einschlafen konnte, und dann kamen mir so seltsame Einfälle: ob ich nicht ein Beil nehmen und alle mit einander totschlagen sollte, unsere Mutter, die Schwester, die Dienerschaft, den Hund. Es waren natürlich nur Einfälle, in Wirklichkeit würde ich's ja nie tun.«

»Das will ich hoffen,« sprach ich lächelnd, und plätscherte im Wasser.

»Ich habe auch eine so seltsame Furcht vor Messern, vor allen scharfen, blitzenden Gegenständen: ich glaube, wenn ich ein Messer in die Hand nehme, schneide ich unbedingt jemandem die Gurgel ab. Warum sollte ich's nicht tun, wenn das Messer nur scharf genug ist?«

»Die Motivierung genügt. Bist ein komischer Kauz, lieber Bruder! Laß doch noch etwas warmes Wasser nachlaufen!«

Der Bruder öffnete den Hahn, ließ das Wasser einlaufen und fuhr fort: »Ich fürchte mich auch vor der Menge – vor den Menschen, wenn sie sich in großer Anzahl versammeln. Wenn ich des Abends auf der Straße Lärm höre, oder lautes Schreien, dann fahre ich zusammen und denke, daß es bereits begonnen hat ... das Blutbad. Wenn ich ein paar Menschen zusammenstehen sehe und nicht hören kann, wovon sie reden, fürchte ich immer, daß sie im nächsten Augenblick mit wildem Geschrei über einander herfallen und sich gegenseitig morden werden. Du weißt doch« – er neigte sich geheimnisvoll an mein Ohr – »daß die Zeitungen voll sind von Nachrichten über allerhand Mordtaten – höchst geheimnisvolle Mordtaten ... Es ist einfach Unsinn, zu behaupten, jeder Mensch habe seinen eigenen Verstand: die ganze Menschheit hat nur einen einzigen Verstand, und der ist's, der sich zu verwirren beginnt. Fühle doch, wie heiß mein Kopf ist! Es brennt darin wie Feuer. Und manchmal ist er wieder ganz kalt, und alles darin ist gefroren, ist erstarrt, ist in einen toten, schaurigen Eisklumpen verwandelt. Lache mich nicht aus, Bruder – aber glaub's mir: ich werde wahnsinnig. Ich muß wahnsinnig werden. ... Eine Viertelstunde – nun ist's Zeit, daß du aus der Wanne steigst!«

»Noch ein Weilchen! Nur eine Minute noch!«

Es war ein so angenehmes Gefühl, wieder, wie früher, in der Wanne zu sitzen, eine bekannte Stimme zu hören, ohne lange auf den Sinn der Worte zu achten, und ringsum die alten, bekannten Dinge zu sehen: den Messinghahn mit dem leichten Anflug von Grünspan, die Wände mit den bekannten Arabesken, die sorgsam in die Fächer verteilten Vorrichtungen zum Photographieren. Ich werde mich wieder aufs Photographieren legen, werde schlichte, stille Landschaften aufnehmen und meinen Sohn photographieren, wie er geht, lacht und umhertollt. Alles das kann ich auch ohne Beine machen. Auch schreiben werde ich wieder – über verständige Bücher, über neue Errungenschaften des menschlichen Denkens, über die Schönheit und den ewigen Frieden.

»Ho ho ho!« lachte ich laut auf, und plätscherte im Wasser.

»Was ist denn?« fragte der Bruder erschrocken und ward blaß.

Er lächelte mich an, wie man ein Kind anlächelt, obschon ich drei Jahre älter bin als er. Und dann setzte er ein tief ernstes, nachdenkliches Gesicht auf, wie ein alter Mann, den schwere, dumpfe, alte Gedanken quälen.

»Wohin soll man sich flüchten?« sagte er achselzuckend. »Jeden Tag, gegen ein Uhr nachts, schließen die Zeitungen ihre Bureaus, und die ganze Menschheit fährt erschreckt empor. Diese Gleichzeitigkeit der Empfindungen, Tränen, Gedanken, Leiden und Schrecken beraubt mich jeder Stütze, und ich komme mir vor wie ein Holzspänchen auf dem Strome, wie ein Stäubchen im Wirbelwind. Mit Gewalt reißt mich irgend etwas los vom Alltäglichen, und an jedem Morgen durchlebe ich einen furchtbaren Augenblick, in dem ich gleichsam über dem schwarzen Abgrund des Wahnsinns in der Luft schwebe. Und ich werde – ich muß hineinstürzen in diesen Abgrund. Du weißt noch nicht alles, Bruder – du liest keine Zeitungen – man verbirgt dir vieles – du weißt noch lange nicht alles, Bruder!«

Ich hielt das, was er sagte, für einen etwas düsteren Scherz – und ähnlich ging es wohl zunächst allen denen, die der Wahnsinn dieses Krieges um ihren Verstand gebracht hatte. Ich hielt es für einen Scherz – als wenn ich in diesem Moment, da ich in dem molligen Badewasser plätscherte, alles das, was ich dort erlebt, ganz vergessen hätte.

»Laß die Zeitungen schreiben, was sie wollen,« sagte ich leichthin – »ich muß jetzt jedenfalls aus der Wanne heraus.«

Der Bruder lächelte und rief den Diener, und zu zweien hoben sie mich nun heraus und halfen mir in meine Kleider. Dann trank ich den köstlich duftenden Tee aus meinem gerippten Glase und dachte dabei im stillen, es lasse sich doch auch ohne Beine ganz gut leben, und dann schoben sie mich in mein Kabinett, an meinen Tisch, und ich schickte mich an, zu arbeiten.

Vor dem Kriege hatte ich in einer Zeitschrift allmonatlich die »Revue der ausländischen Literatur« geschrieben, und nun sah ich vor mir, so nahe, daß ich sie alle mit der Hand greifen konnte, einen ganzen Berg dieser mir so lieb gewordenen, gelb, blau und braun broschierten Bände. Meine Freude, wieder mitten unter ihnen zu sein, war so groß, daß ich mich gar nicht entschließen konnte, unter ihnen zu wählen, sondern immer nur bald diesen, bald jenen zur Hand nahm und zärtlich streichelte. Ich fühlte, daß bei diesem Gebaren ein Lächeln mein Gesicht verklärte, das sich wahrscheinlich ziemlich einfältig ausnahm; aber ich konnte mich dieses Lächelns nicht erwehren, als mein schwelgendes Auge sich in all die Schriften, Vignetten und einfach strengen, geschmackvollen Umschlagzeichnungen vertiefte. Wieviel feines Verständnis, wieviel Schönheitsgefühl lag doch in alledem! Wie viel Menschen haben daran arbeiten, haben ihr Hirn anstrengen, ihr Talent, ihren Geschmack daran wenden müssen, um auch nur diesen einen Buchstaben da zu konstruieren, der in seinen verschlungenen Formen doch so einfach-schön, so logisch, harmonisch und beredt erschien!

»Aber nun rasch ans Werk, ans Werk!« rief ich voll Respekt vor der Arbeit mir selber zu.

Und ich nahm die Feder, um die Überschrift niederzuschreiben – doch, ach, meine Hand wollte gar nicht vorwärts! Wie ein Frosch, den man an einen Zwirnfaden angebunden, hüpfte sie über das Papier, und die Feder blieb darin stecken, kratzte, zerrte, tappte hilflos nach rechts und links und produzierte nichts als unzusammenhängende, sinnlose, krumme und krause Striche. Ich schrie nicht auf, und ich rührte mich auch nicht – ich wurde nur kalt und starr in der schrecklichen Gewißheit, daß ein furchtbares Verhängnis mir nahte; meine Hand aber hüpfte über das hell beleuchtete Papier, und jeder einzelne Finger zitterte in so hoffnungsloser, wahnsinniger Angst, als ob sie, diese krampfhaft bebenden Finger, noch dort draußen im Kriege wären, und den lodernden Feuerschein und das Blut sähen, und die von unsäglichem Schmerz erfüllten Seufzer und Wehklagen hörten. Sie hatten sich gleichsam von mir losgelöst, diese wie närrisch zitternden Finger, waren lebendig, waren zu Augen und Ohren geworden. Und vor Kälte erstarrend, zu schwach, um zu schreien oder mich zu rühren, folgte ich mit den Augen dem wilden Tanze, den sie auf dem reinen, grellweißen Bogen vollführten.

Und es war so still um mich herum. Sie dachten, daß ich arbeite, und hatten alle Türen geschlossen, um mich nur ja durch keinen Laut zu stören; ich aber saß allein, jeder Möglichkeit, mich zu bewegen, beraubt, in meinem Zimmer und sah gehorsam zu, wie meine Hände zitterten.

»Das hat nichts zu bedeuten,« sagte ich laut, und in der Stille und Einsamkeit des Kabinetts tönte meine Stimme schrill und heiser, wie die Stimme eines Wahnsinnigen. »Hat nichts zu bedeuten. Ich werde eben diktieren. Milton war ja sogar blind, als er sein »Verlorenes Paradies« schrieb. Ich kann doch noch denken – das ist die Hauptsache, das ist alles.«

Und ich begann, einen tiefgründigen, langen Satz über den blinden Milton zu formen, aber die Worte gerieten mir durcheinander, sie entglitten mir, wie einem ungeschickten Setzer die Lettern aus dem Winkelhaken entgleiten, und als ich mit meinem Satz zu Ende war, hatte ich seinen Anfang bereits vergessen. Ich suchte nun, diesen Anfang wiederzufinden, suchte mich zu besinnen, wie ich eigentlich auf diesen sonderbaren, unsinnigen Satz über irgend einen Mann namens Milton gekommen – und war dazu nicht imstande.

»Das verlorene Paradies ... Das verlorene Paradies ...« wiederholte ich und begriff nicht, was das bedeutet.

Und nun kam es mir plötzlich zum Bewußtsein, daß ich überhaupt vieles vergaß, daß ich seltsam zerstreut geworden war und die Personen meiner Bekanntschaft nicht mehr recht unterschied; daß mir selbst in der einfachsten Unterhaltung öfters Ausdrücke fehlten oder, wenn ich auch die Wörter wußte, doch ihre Bedeutung nicht begriff. Ich wurde mir klar darüber, daß meine Tage doch jetzt ganz sonderbar beschaffen waren: sie waren so merkwürdig kurz, gewissermaßen verstümmelt wie meine Beine, von rätselhaften Pausen unterbrochen – die nichts anderes waren, als lange Stunden der Bewußtlosigkeit, von denen mir nicht die geringste Erinnerung geblieben war.

Ich wollte meine Frau rufen, aber ich hatte ihren Namen vergessen, was mich nun nicht mehr in Erstaunen setzte noch auch erschreckte. Ganz leise flüsterte ich:

»Frau! ...«

Das Wort, das mir plump und ungewohnt klang, verhallte ungehört. Keine Antwort erfolgte, es blieb ganz still um mich herum. Sie fürchteten, durch einen unvorsichtigen Laut mich bei der Arbeit zu stören, und so war es um mich so still, so still – ganz wie es sich schickt für das Kabinett eines Gelehrten, das hübsch behaglich, hübsch ruhig sein und zum Sinnen und Schaffen einladen muß.

»Wie sie um mich besorgt sind, die Lieben, Guten!« dachte ich voll Rührung.

... Und die Inspiration, die heilige Begeisterung kam über mich. Die Sonne flammte auf in meinem Haupte, und ihre glühenden, schöpferischen Strahlen fluteten über die ganze Welt hin, überall Blumen und Lieder verstreuend. Blumen und Lieder! Und ich schrieb die ganze Nacht, ohne zu ermüden, indem ich frei hinschwebte auf den Fittichen machtvoller, heiliger Begeisterung. Was ich schrieb, war groß, war unsterblich: es waren Blumen und Lieder.

Blumen und Lieder ...

Zweiter Teil

Zehntes Fragment

... Der Tod hat ihn endlich erlöst – in der vergangenen Woche, am Freitag. Es war in der Tat eine Erlösung für meinen armen Bruder: dieser beinlose, am ganzen Leibe zitternde Krüppel mit der verwirrten Seele bot in seiner wahnsinnigen Schaffensekstase einen wahrhaft schaurigen, tief bejammernswerten Anblick. Seit jener Nacht, da ich ihn im Rollstuhl in sein Kabinett gebracht hatte, schrieb er zwei Monate lang in einem fort, ohne seinen Sessel zu verlassen, verweigerte die Nahrungsaufnahme, weinte und schalt, wenn wir ihn auf kurze Zeit von seinem Arbeitstisch fortbrachten. Mit außerordentlicher Schnelligkeit ließ er die Feder über das Papier hinfliegen, warf ein Blatt nach dem anderen zur Seite und schrieb und schrieb nur immer. Er verlor den Schlaf, und nur zweimal gelang es uns, ihn, dank einer tüchtigen Dosis Morphium, für ein paar Stunden ins Bett zu bringen; später vermochten dann auch die narkotischen Mittel seinen wahnsinnigen Schaffensdrang nicht mehr zu hemmen. Auf seinen Wunsch waren die Fenster den ganzen Tag verhängt, die Lampe brannte beständig und erzeugte in ihm die Illusion der Nacht; er rauchte eine Zigarette nach der anderen und schrieb. Offenbar fühlte er sich glücklich, ich habe niemals bei gesunden Menschen einen so begeisterten Gesichtsausdruck gesehen: es war das Gesicht eines Propheten oder großen Dichters. Er war sehr mager geworden, ganz durchsichtig und wachsbleich, wie ein Leichnam oder Asket, und sein Haar war vollständig ergraut; als ein verhältnismäßig junger Mann hatte er sein Wahnsinnswerk begonnen, und als Greis beendete er es. Bisweilen steigerte sich sein Schaffenseifer zu einer wahren Wut, die Feder fuhr tief ins Papier hinein, aber er bemerkte das gar nicht; in solchen Momenten durfte man ihn nicht anfassen, da er bei der geringsten Berührung einen Krampfanfall bekam und in Tränen und Lachen ausbrach; bisweilen, doch nur sehr selten, gönnte er sich eine kurze Ruhepause, lächelte glücklich und ließ sich herab, mit mir zu plaudern, wobei er jedesmal dieselben Fragen wiederholte: wer ich sei, wie ich heiße, und wie lange ich schon litterarisch tätig sei.

Und dann erzählte er in zuvorkommender Weise, immer mit denselben Worten, welch komischer Schrecken ihn damals ergriff, als er merkte, daß er das Gedächtnis verloren habe und nicht arbeiten könne, und wie glänzend er diese törichte Befürchtung widerlegt habe, indem er sein großes, unsterbliches Werk, seine »Blumen und Lieder«, begonnen.

»Ich rechne natürlich nicht auf die Anerkennung der Zeitgenossen,« sagte er stolz und zugleich bescheiden, während er seine zitternde Hand auf den Haufen leerer Blätter legte – »aber die Zukunft wird meine Ideen zu würdigen wissen.«

Vom Kriege sprach er nicht ein einziges Mal, und nicht ein einziges Mal gedachte er auch seiner Frau oder seines kleinen Sohnes: das Phantom der Arbeit, dieser gespenstischen, endlosen Arbeit nahm seine Aufmerksamkeit so vollständig in Anspruch, daß er für nichts weiter außer ihr Sinn hatte. Man konnte in seinem Zimmer umhergehen und sprechen – er merkte es nicht; nicht einen Augenblick wich von seinem Gesichte der unheimliche Ausdruck der Gespanntheit, der schaffensfrohen Begeisterung. In der Stille der Nacht, wenn alles schlief und nur er allein ohne Rast den endlosen Faden des Wahnsinns spann, machte er einen geradezu furchtbaren Eindruck; nur ich und die Mutter wagten es dann, ihm zu nahen. Einmal versuchte ich es, ihm statt der trockenen Feder einen Bleistift in die Hand zu geben – ich dachte, daß er vielleicht wirklich etwas schreiben würde; aber auf dem Papier fand ich dieselben unzusammenhängenden, sinnlosen Striche und Schnörkel vor wie sonst.

Er starb in der Nacht, bei seiner Arbeit. Ich kannte meinen Bruder sehr gut, und die Art, wie sich seine Wahnidee äußerte, war für mich nicht überraschend: schon in den Briefen, die er uns vom Kriegsschauplatze geschrieben, war seine leidenschaftliche Sehnsucht nach der Arbeit zum Ausdruck gekommen, sie hatte nach seiner Rückkehr den ganzen Inhalt seines Lebens ausgemacht, und sie mußte im Zusammenhang mit der hilflosen Ohnmacht seines erschöpfen, zermarterten Gehirns die Katastrophe herbeiführen. Und ich glaube, daß es mir gelungen ist, die ganze Aufeinanderfolge der seelischen Erregungen, die schließlich sein Ende in jener schicksalsschweren Nacht herbeigeführt haben, mit einiger Klarheit darzulegen. Alles, was ich hier über den Krieg geschrieben, habe ich den Schilderungen und Erzählungen meines verstorbenen Bruders entnommen, die allerdings vielfach verworren und zusammenhangslos waren; nur gewisse einzelne Bilder und Erinnerungen hatten sich seinem Gehirn so unauslöschlich tief eingeprägt, daß ich sie fast wörtlich so, wie er sie erzählt hat, wiedergeben konnte.

Ich habe ihn geliebt, und sein Tod lastet auf mir wie ein schwerer Stein und drückt auf mein Hirn mit seiner ganzen absurden Unvernunft und Sinnlosigkeit. Jenes Unbegreifliche, das mein Denken wie ein Spinngewebe umfängt, hat durch den Tod des Bruders eine Stärkung erfahren – es drückt und quält mich mit einer unheimlichen, unfaßbaren Gewalt. Unsere ganze Familie ist zu Verwandten aufs Land gefahren, ich bin ganz allein im Hause – in diesem einsam gelegenen, stillen Hause, das mein Bruder so sehr liebte. Die Dienerschaft ist entlassen, nur der Portier des Nachbarhauses kommt jeden Morgen, um die Öfen zu heizen; sonst bin ich mutterseelenallein, die ganze geschlagene Zeit. Ich komme mir vor wie eine Fliege, die man im Innenraum eines Doppelfensters eingesperrt hat – ich schwirre hin und her und stoße mit dem Kopfe immer wieder gegen ein unsichtbares, undurchdringliches Hindernis. Und ich fühle es, ich weiß es, daß ich dieses Haus nicht mehr verlassen soll. Jetzt, da ich allein bin, beherrscht mich ganz und gar dieser Krieg, er steht vor mir wie ein undurchdringliches Rätsel, wie ein furchtbarer Geist, dem ich keine Körperlichkeit, keine greifbare Form zu geben vermag. Ich suche ihn in alle möglichen

Gestalten zu bannen: als ein hoch zu Roß sitzendes, hohläugiges Gespenst, als ein wolkengeborenes, lautlos zur Erde niederschwebendes Schattenungetüm stelle ich ihn mir vor – aber nicht eins dieser Bilder gibt mir Antwort, nicht eins vermag den kalten, dumpfen, starren Schauer zu lösen, der mich umfangt.

Ich begreife den Krieg nicht und muß dem Wahnsinn verfallen, wie mein Bruder, wie die Hunderte von Irrsinnigen, die man vom Kriegsschauplätze hierher bringt. Ich fürchte den Wahnsinn nicht: es scheint mir vielmehr Ehrensache, über diesem tollen »Problem« den Verstand zu verlieren – ganz so, wie es für den Soldaten Ehrensache ist, auf seinem Posten zu fallen. Aber die Erwartung, dieses langsame, unverwandte Herannahen des Wahnsinns, dieses Vorgefühl eines jähen, gewaltigen Sturzes in den Abgrund, dieser unerträgliche Schmerz des zermarterten Gehirns – das ist's, was mich zerreibt, ... Mein Herz ist stumm und starr, ist tot – ihm blüht kein neues Leben; aber mein Denken ist noch lebendig und sucht noch anzukämpfen gegen das, was ihm bevorsteht. Freilich, so riesenstark? wie einst, ist es längst nicht mehr, und bisweilen wird es hilftos und schwach wie ein Kind, daß es mir selber leid tut. Es kommen Augenblicke, da mein wie in eiferne Ringe gezwängtes Hirn die Folterqual nicht mehr zu ertragen vermag und ich Hals über Kopf auf die Straße, auf den Markt, mitten unter die Volksmenge hinausstürmen möchte, um laut aufzuschreien:

»Macht dem Kriege sofort ein Ende - oder ...«

Ja - was denn »oder«? Gibt es denn Worte, die sie zur Vernunft bringen könnten, Worte, auf die sie nicht eine ebenso laute, verlogene Antwort finden würden? Oder soll ich vor ihnen auf die Knie niedersinken und weinen? Aber Hunderttausende betteln ja unter Tränen um den Frieden - und erreichen sie damit auch nur das Geringste? Oder soll ich mich vor ihren Augen töten? Töten! ... Tausende werden jeden Tag getötet - und nützt das auch nur das Geringste?

Und wenn ich so meine Ohnmacht fühle, übermannt mich die Tollwut, die Raserei des Krieges, den ich so verabscheue. Ich möchte, wie jener Doktor, von dem mein Bruder erzählte, ihre Häuser verbrennen, mitsamt ihren Schätzen, ihren Frauen und Kindern; ich möchte das Wasser vergiften, das sie trinken; ich möchte all die Toten dieses Krieges aus ihren Gräbern herausholen und sie in ihre unreinen Wohnungen, ihre Betten werfen, daß sie mit ihnen schlafen wie mit ihren Frauen, ihren Geliebten!

Jetzt möchte ich so der Teufel sein, haha! Alle Schrecken der Hölle würde ich auf diese Erde verpflanzen. Ich würde mich zum Herrn ihrer Nächte, ihrer Träume machen, und wenn sie ihre Kinder geküßt haben und mit einem Lächeln um den Mund entschlummert sind, würde ich vor sie hintreten - schwarz, gewaltig! ...

Ja, ich verliere wirklich den Verstand - wenn's nur recht schnell gehen wollte! Nur recht schnell ...

Elftes Fragment

... Gefangene sind's – ein Haufen zitternder, eingeschüchterter Menschen. Als man sie aus dem Waggon aussteigen ließ, heulte die Menge auf wie ein einziger riesiger, bösartiger Hund, der an einer kurzen, dünnen Kette liegt. Heulte auf und schwieg dann, schwer atmend, während sie in dichtgedrängten Haufen dahinschritten, die Hände in den Taschen, ein scheues Lächeln um die bleichen Lippen, in vorsichtig ängstlicher Gangart, als ob sie jeden Augenblick einen Stockhieb in die Kniekehlen zu bekommen fürchteten. Einer jedoch ging etwas abseits von den andern – er war ruhig und ernst und lächelte nicht, und als ich dem Blick seiner schwarzen Augen begegnete, las ich darin den nackten, unverhohlenen Haß. Ich sah klar und deutlich, daß er mich verachtet und mir alles Böse zutraut: wenn ich ihn, den Wehr- und Waffenlosen, auf der Stelle erschlagen würde, er würde nicht einen Schrei ausstoßen würde sich nicht verteidigen, nicht zu rechtfertigen suchen: er traut mir eben, mit einem Wort, alles zu.

Ich lief mit der Menge, die ihnen folgte, um noch einmal seinem Auge zu begegnen, und das gelang mir, als sie eben das zu ihrer Aufnahme bestimmte Gebäude betraten. Er ließ alle seine Schicksalsgenossen an sich vorüberschreiten und trat als der letzte ein, nachdem er noch einmal nach mir zurückgeschaut hatte. Und da las ich in seinen schwarzen Augen, in denen Pupille und Iris eins zu sein schienen, so viel Pein, so viel Wahnsinn und Schrecken, als wenn ich in die unglücklichste Seele der Welt hineingeblickt hätte.

»Wer ist jener dort – der mit den schwarzen Augen?« fragte ich einen von den eskortierenden Soldaten.

»Ein Offizier ist's. Ein Verrückter. Es gibt eine ganze Menge von der Sorte.«

»Wie heißt er denn?«

»Er sagt's nicht. Auch seine Landsleute wissen's nicht. Ist uns so zugelaufen. Einmal haben wir ihn schon aus der Schlinge gezogen,« meinte der Soldat und verschwand mit einer Geste, die das Aufhängen andeutete, hinter der Tür.

Und jetzt, am Abend, denke ich über ihn nach. Er ist ganz allein, mitten unter Feinden, die er jeder Niedertracht für fähig hält, und seine eigenen Leute kennen ihn nicht. Er schweigt und erwartet geduldig die Stunde, da er von dieser Welt scheiden kann. Ich glaube es nicht, daß er verrückt ist, und er ist auch kein Feigling: er allein benahm sich mit Würde inmitten dieses Haufens von zitternden, eingeschüchterten Menschen, die er offenbar ebenso wenig für die Seinigen hält wie uns. Was mag in seiner Seele vorgehen? Welcher Abgrund der Verzweiflung mag im Innern dieses Menschen gären, der als Sterbender seinen Namen nicht nennen mag? Was soll ihnen sein Name? Er ist mit dem Leben und den Menschen fertig, er hat ihr Wesen und ihren Wert erkannt, er unterscheidet nicht mehr zwischen Landsleuten und Feinden und läßt sie schreien und toben und drohen, so viel sie wollen. Ich erkundigte mich weiter nach ihm und erfuhr, daß er während des letzten furchtbaren Kampfes, der etliche Zehntausend Menschenleben gekostet hat, in unsere Gefangenschaft geraten sei. Er habe sich nicht gewehrt, als man sich seiner bemächtigte: er trug keine Waffen, und als ein Soldat, der das nicht bemerkte, ihm einen Säbelhieb versetzte, hob er nicht einmal den Arm zu seinem Schutze empor. Er wollte offenbar sterben – doch die Wunde war, zu seinem Unglück, nur leicht.

Vielleicht ist sein Geist aber doch gestört? Der Soldat meinte, es gebe eine ganze Menge solcher Leute ...

Zwölftes Fragment

... Es fängt nun wirklich an. Als ich gestern nacht das Kabinett des Bruders betrat, sah ich ihn in seinem Sessel an dem mit Büchern beladenen Tische sitzen. Die Halluzination verschwand sogleich, als ich Licht gemacht hatte, aber ich konnte mich lange nicht entschließen, den Platz einzunehmen, auf dem er soeben gesessen hatte. Es war mir anfangs so bang zu Mute – die leeren Zimmer, in denen man beständig ein seltsames Rauschen und Knistern vernimmt, rufen diese Bangigkeit hervor. Dann aber fand ich Gefallen an der Situation: immer besser, *er* ist's, als irgend ein anderer. Ich stand jedoch den ganzen Abend nicht von dem Sessel auf: ich konnte die Furcht nicht los werden, daß, wenn ich aufstehe, er sich sogleich wieder an seinen alten Platz setzt. Und ich verließ das Zimmer sehr rasch, ohne mich umzusehen. Man müßte eigentlich in allen Zimmern Licht machen – aber verlohnt sich das wohl? Wenn ich dann auch bei Licht etwas sehe, ist die Sache schlimmer; so bleibt mir doch wenigstens der Zweifel ...

Heute ging ich mit einem Licht hinein, und es war niemand in dem Sessel. Offenbar war es auch damals nur ein Schatten gewesen, der durchs Zimmer huschte. Ich war wieder auf dem Bahnhof – jeden Morgen gehe ich jetzt dahin – und ich sah einen ganzen Waggon voll Wahnsinniger, lauter Unsrige. Der Waggon wurde nicht geöffnet, sondern auf ein anderes Geleise übergeführt, doch gelang es mir, durchs Waggonfenster einige Gesichter zu erspähen. Sie waren furchtbar anzuschauen. Namentlich das eine. Es war übermäßig langgestreckt und gelb wie eine Zitrone, und mit dem offenstehenden schwarzen Munde und den unbeweglichen Augen glich es so sehr der Maske des Schreckens, daß ich mich nicht davon losreißen konnte. Und es starrte mich in seiner todähnlichen Unbeweglichkeit an und schwamm gleichsam mit dem abgehenden Zuge davon, ohne auch nur mit einer Miene zu zucken oder den Blick von mir abzuwenden. Wenn es mir jetzt dort in dem dunklen Rahmen erschiene – ich könnte seinen Anblick nicht ertragen. Ich hielt Umfrage und erfuhr, daß man nicht weniger als zweiundzwanzig solche Unglückliche gebracht habe. Die Epidemie breitet sich aus. Die Zeitungen schweigen zwar über die Sache, aber es scheint auch bei uns in der Stadt nicht geheuer zu sein. Es sind da so seltsame schwarze, dicht verschlossene Kutschen in den Straßen aufgetaucht – ich habe ihrer heute, an einem einzigen Tage, in den verschiedenen Stadtvierteln nicht weniger als sechs gezählt. In einer dieser Kutschen werde auch ich einmal fahren ...

Die Zeitungen aber verlangen Tag für Tag immer neue Truppen und neues Blut, und ich vermag es immer weniger zu begreifen, was das bedeutet. Gestern las ich einen höchst verdächtigen Artikel, in dem ausgeführt wurde, daß eine Menge Spione, Verräter und treulose Schurken unter dem Volke wären, daß man Vorsicht üben und auf der Hut sein solle, und daß der Zorn des Volkes die Schuldigen selbst herausfinden werde. Welche Schuldigen? Was haben sie verbrochen? Als ich mit der Pferdebahn vom Bahnhof nach Hause fuhr, hörte ich ein sonderbares Gespräch, das sich jedenfalls hierauf bezog:

»Man muß sie einfach aufhängen, ohne viele Umstände,« meinte der eine, indem er alle, darunter auch mich, mißtrauisch forschend ansah. »Unbedingt muß man diese Verräter aufhängen, ja!«

»Ohne Erbarmen,« pflichtete der andere ihm bei – »lange genug hat man Nachsicht geübt.«

Ich sprang aus dem Pferdebahnwagen. Was ist das nur? Was bedeutet das? Alles vergießt Tränen über diesen Krieg, auch sie selber tun es – und doch führen sie solche Reden! Ein blutiger Nebel hüllt die Erde ein und blendet die Augen, und ich beginne zu glauben, daß in der Tat der Moment einer Weltkatastrophe herannaht. Das rote Lachen, das mein Bruder sah! Der Wahnsinn kommt von dort, von jenen blutigen, roten Feldern – ich spüre deutlich in der Luft seinen kalten Hauch. Ich bin ein Mensch von kräftiger Konstitution, ich weiß mich frei von jenen zersetzenden Krankheiten, die den Verfall des Gehirns nach sich ziehen – aber ich fühle, wie die Ansteckung auch mich ergreift, schon gehört die Hälfte meiner Gedanken nicht mir selbst. Das ist schlimmer als die Pest mit ihren Schrecken. Vor der Pest kann man sich doch irgendwo verstecken, kann irgendwelche Maßnahmen gegen sie ergreifen – wo aber soll man sich verstecken vor dem alldurchdringenden Gedanken, der keine räumlichen Schranken kennt?

Am Tage kann ich mich des Entsetzlichen noch erwehren, in der Nacht aber werde ich, wie alle anderen, ein willenloser Sklave meiner Träume: und meine Träume sind so furchtbar, so voller Wahnwitz ...

Dreizehntes Fragment

... Ueberall Metzeleien, sinnlose, blutige Metzeleien. Der geringste Anlaß ruft die wildesten Szenen hervor; Messer, Steine, Knüttel kommen in Tätigkeit, und man weiß nicht mehr, wen man töten soll – das rote Blut will heraus aus den Adern, und es fließt so leicht und so reichlich ...

Es waren ihrer sechs Mann, lauter Bauern, und sie wurden von drei Soldaten mit geladenen Gewehren transportiert. In ihrer originellen, primitiven, an die Wilden erinnernden Tracht, mit ihren absonderlichen, gleichsam aus Ton geformten und an Stelle der Haare mit filziger Wolle beklebten Gesichtern glichen sie hier in den Straßen der reichen Stadt, unter der Eskorte wohlgedrillter Soldaten ganz den Sklaven des Altertums. Man führte sie in den Krieg, und den Bajonetten gehorchend, schritten sie dahin, ebenso unschuldig und stumpfsinnig wie die Ochsen, die man zur Schlachtbank führt. Voran ging ein junger Bursche, hoch aufgeschossen, bartlos, mit einem langen Gänsehals, auf dem unbeweglich ein winzig kleiner Kopf saß. Er neigte sich ganz vor, wie eine lange Rute, und schaute so durchdringend vor sich hin auf den Boden, als wenn sein Blick ins Innerste des Erdschoßes eindringen wollte. Als letzter folgte ein untersetzter, bärtiger, schon bejahrter Bauer; er hatte nicht die Absicht, sich zu widersetzen, in seinen Augen las man auch nicht die Spur eines solchen Gedankens; aber die Erde schien sich förmlich an seinen Beinen festzusaugen und sie nicht loslassen zu wollen, und er schritt mit zurückgeneigtem Körper vorwärts, wie wenn er gegen einen heftigen Wind ankämpfte. Bei jedem Schritt versetzte der Soldat ihm einen Kolbenstoß, und während das eine Bein krampfhaft zappelnd, wie im Gelenk gelockert, weiterschwankte, haftete das andere fest am Boden, als wenn es eingerammt wäre. Die Soldaten schauten mürrisch und verärgert drein, man sah es ihnen an, daß sie schon lange so marschiert waren. Man merkte ihre Gleichgültigkeit und Ermüdung an der Art, wie sie ihre Gewehre trugen, wie sie unmilitärisch, die Zehen auf Bauernart nach innen gekehrt, neben den Reservisten hergingen. Der eigensinnige, zögernde, stumme Widerspruch der Bauern schien ihr wohlgedrilltes Denken außer Fassung gebracht zu haben, daß sie nicht mehr wußten, weshalb und wohin sie marschierten.

»Wohin führt ihr sie denn?« fragte ich im Vorübergehen einen der Soldaten. Er zuckte zusammen und sah mich an, und in seinem jäh aufblitzenden Auge spürte ich gleichsam die bohrende Spitze eines Bajonetts – so deutlich, als ob er es mir schon in die Brust gestoßen hätte.

»Scher' dich fort!« rief er. »Scher' dich fort, sonst soll dich ...«

Der bärtige alte Reservist benutzte den Augenblick und rannte davon – in flinkem, kurzem Trab lief er nach dem eisernen Gitterzaun der Promenade zu und hockte dort nieder, als wollte er sich verstecken. Kein Tier hätte sich so töricht, so unverständig benommen. Der Soldat geriet in Wut. Ich sah, wie er zornig auf den Ausreißer zutrat, wie er sich über ihn beugte, das Gewehr in den linken Arm nahm und mit der Rechten gegen etwas Weiches, Flaches klatschte. Einmal, und noch einmal. Die Leute liefen zusammen – man hörte Geschrei, Gelächter ...

Vierzehntes Fragment

... Ich hatte meinen Platz in der elften Parkettreihe. Rechts und links fühlte ich irgend jemandes Arm, dicht an den meinigen gepreßt, und weithin im Kreise starrte unbeweglich Kopf an Kopf ins Halbdunkel, in das von der Bühne ein matter, rötlicher Lichtschimmer fiel. Und nach und nach beschlich mich ein Angstgefühl, als ich so all diese Menschen in dem engen Raume zusammengedrängt sah. Sie schwiegen alle und lauschten den Worten, die auf der Bühne gesprochen wurden, oder sie gingen vielleicht ihren eignen Gedanken nach; weil ihrer aber so viele waren, so schien mir ihr Schweigen vernehmlicher als die lauten Stimmen der Schauspieler. Sie husteten, schneuzten sich, scharrten mit den Füßen, raschelten mit den Kleidern, und ich hörte deutlich ihr tiefes, ungleichmäßiges Atmen, das die Luft erwärmte. Es lag etwas Furchtbares in dem Anblick dieser Menschen, die alle miteinander binnen wenigen Minuten in Leichen verwandelt, oder dem Wahnsinn verfallen sein konnten. In der Ruhe dieser glattgekämmten, fest auf die weißen, steifen Kragen gestützten Nacken sah ich einen Orkan des Wahnsinns lauern, der jeden Augenblick losbrechen konnte.

Ich fühlte, wie meine Hände kalt wurden, als ich mir vorstellte, wie viel ihrer waren, wie furchtbar sie werden konnten, und wie weit ich vom Eingang entfernt war. Sie saßen so ruhig da – wenn ich nun plötzlich »Feuer!« rufen würde? Und mit Schaudern empfand ich ein qualvoll-heftiges Verlangen danach, dessen bloße Erinnerung meine Hände von neuem erkalten läßt und mir den Schweiß aus den Poren treibt. Wer hindert mich, es zu rufen? Aufzustehen, mich umzudrehen und ins Parkett hineinzuschreien: »Feuer! Rettet euch! Feuer!«

In wilden Wahnsinnskrämpfen werden ihre jetzt so ruhigen Glieder zucken, sie werden aufspringen, werden heulen und brüllen wie die Tiere, werden vergessen, daß ihre Frauen, ihre Schwestern und Mütter neben ihnen sitzen, werden umhertappen, als wären sie plötzlich mit Blindheit geschlagen, und sich mit ihren weißen, parfümierten Händen gegenseitig an die Kehlen fahren. Man wird den Zuschauerraum hell erleuchten, irgend jemand vom Theaterpersonal wird totenblaß auf die Bühne stürzen und den Feuerlärm für falsch erklären, das Orchester wird in zitternden, schrillen Akkorden eine lustig-tolle Weise spielen – sie aber werden nichts von alledem hören, sie werden sich gegenseitig würgen und zertreten und ihre Damen auf die elegant frisierten Köpfe schlagen. Sie werden einander die Ohren abreißen, die Nasen abbeißen und die Kleider in Fetzen bis aufs Nackte herunterzerren, und sie werden sich nicht schämen, nackt zu sein, da sie ja wahnsinnig sind. Ihre empfindsamen, zarten, hübschen, vergötterten Weibchen werden kreischen, werden hilflos zu ihren Füßen zappeln und im Vertrauen auf die Ritterlichkeit der Herren ihre Knie umfassen – sie aber, diese Ritter, werden sie wütend in die bittenden, hübschen Gesichter schlagen und wild dem Ausgang zustürmen. Denn sie sind Mörder von Natur, und ihre würdevolle Haltung, ihre Ruhe ist nur die Ruhe des satten Tieres, das sich in Sicherheit fühlt.

Und wenn die eine Hälfte erdrückt und erwürgt ist und die andere halbnackt als ein zitternder Haufen von scheuen Tieren sich am Ausgang drängt, werde ich vor die Rampe treten und ihnen hohnlachend zurufen:

»Das ist der Lohn dafür, daß ihr meinen Bruder gemordet habt!«

Und noch einmal werde ich es lachend wiederholen:

»Das ist der Lohn dafür, daß ihr meinen Bruder gemordet habt!...«

... Ich muß wohl ziemlich laut vor mich hingeflüstert haben, denn mein Nachbar zur Rechten rückte unwillig auf seinem Platz hin und her und sagte:

»Still da! Stören Sie nicht!«

Ich war zum Scherzen aufgelegt, nahm eine strenge, warnende Miene an und beugte mich zu ihm hinüber.

»Was gibt's denn?« fragte er unruhig. »Warum schauen Sie so sonderbar drein?«

»Still doch, ich bitte Sie!« flüsterte ich tonlos mit den bloßen Lippen. »Merken Sie denn nichts? Es riecht so brandig! Es brennt im Theater!«

Er besaß Selbstbeherrschung genug, um nicht laut aufzuschreien. Sein Gesicht wurde kreidebleich, und die weit heraustretenden Augen hingen fast wie ein Paar Ochsenblasen über die Backen herab. Aber, wie gesagt: er schrie nicht. Er stand ganz leise auf, dankte mir nicht einmal und ging mit unsicher schwankendem, wie absichtlich zögerndem Schritt nach dem Ausgang. Er fürchtete, daß die anderen gleichfalls den Brandgeruch entdecken und ihn an der Flucht verhindern könnten - ihn, der als der einzige von allen würdig befunden war, gerettet zu werden und weiterzuleben.

Ein Gefühl des Ekels vor all dem Pack ringsum überkam mich, und ich verließ gleichfalls das Theater. Draußen auf der Straße wandte ich meinen Blick nach jener Himmelsgegend, in der der Krieg tobte - alles war stumm und still, und die vom Lichterschein gelblich schimmernden Wolken zogen am Nachthimmel langsam und ruhig dahin.

»Vielleicht ist das alles nur ein Traum - vielleicht gibt es gar keinen Krieg?« dachte ich, getäuscht durch die Ruhe des Himmels und der Stadt.

Aber schon hinter der nächsten Hausecke sprang plötzlich ein Zeitungsjunge hervor und schrie ganz begeistert:

»Nachttelegramm vom Kriegsschauplatz! Blutiger Kampf! Entsetzliche Verluste! Kaufen Sie, mein Herr - kaufen Sie!«

Beim Schein der Laterne las ich das Telegramm. Viertausend Tote! Im Theater waren vielleicht tausend Menschen gewesen, nicht mehr. Immer wieder ging es mir unterwegs durch den Kopf: viertausend Tote! ...

Furchtbar ist es mir jetzt, in das einsame, leere Haus zurückzukehren. Wenn ich eben noch den Schlüssel ins Schloß stecke und die stumme, flache Tür betrachte, sehe ich schon all die dunklen, öden Zimmer dahinter, die im nächsten Moment ein Mensch in einem Hute, ängstlich nach allen Seiten spähend, durchschreiten wird. Ich kenne den Weg sehr gut, aber schon auf der Treppe brenne ich ein Zündholz an und lasse immer wieder ein neues folgen, bis ich das Licht finde. In das Kabinett des Bruders gehe ich jetzt gar nicht mehr, es ist samt allem, was darin ist, verschlossen. Ich schlafe im Eßzimmer, in das ich nun ganz und gar übergesiedelt bin. Es ist dort ruhiger, in der Luft schweben gewissermaßen noch die Gespräche, das Lachen und das fröhliche Tellergeklirr von einst. Bisweilen höre ich deutlich das Kratzen einer Feder; und wenn ich mich schlafen lege...

Fünfzehntes Fragment.

... Was für ein absurder, was für ein furchtbarer Traum! Als ob von meinem Hirn die schützende Schädeldecke abgehoben wäre und es nun in seiner hilflosen Nacktheit demütig und gierig zugleich alle Greuel dieser blutigen Tage des Wahnsinns in sich saugte. In einen Klumpen zusammengerollt, liege ich da, nehme kaum drei Ellen Raum ein und umspanne mit meinen Gedanken doch die ganze Welt. Ich schaue gleichsam mit den Augen aller Menschen und höre mit aller Ohren; ich sterbe mit den Sterbenden, traure und weine mit den Verwundeten und Vergessenen, uud wenn ich aus jemandes Leibe Blut rinnen sehe, fühle ich den Schmerz seiner Wunden und leide mit ihm. Das, was noch nicht war, was in der Ferne ist, sehe ich ebenso deutlich wie das, was längst war, und was mir nahe ist, und die Leiden meines bloßgelegten Hirns sind ohne Grenzen.

Diese Kinder, diese kleinen, unschuldigen Kinder! Ich sah sie auf der Straße beim Kriegsspiel, wie sie mit blitzenden Augen hintereinander herjagten, und ich hörte, wie eins von ihnen mit seinem feinen Kinderstimmchen weinte – es erbebte etwas in mir vor Abscheu und Entsetzen. Ich ging nach Hause, die Nacht brach an – und im flammenden, einer nächtlichen Feuersbrunst gleichenden Traumbild verwandelten sich diese kleinen, unschuldigen Kinder in ganze Haufen von jugendlichen Mördern.

Ein unheimlicher Feuerbrand loderte auf mit breitem, rotem Schein, und in dem Rauche wimmelten abscheuliche kleine Mißgeburten mit zarten Kinderleibern und mit den Köpfen erwachsener Mörder. Sie hüpften unruhig umher, wie spielende Ziegenböckchen, und atmeten schwer, als wären sie leidend. Ihr Mund glich einem Kröten- oder Froschmaul, und sie öffneten ihn weit unter krampfhaftem Zucken der Kiefer; unter der durchsichtigen Haut der nackten Leiber sah man in dunklen Adern das rote Blut fließen. Und sie töteten einander im Spiele. Ihr Anblick war mir widerwärtiger als alles, was ich je gesehen, da sie so klein waren und überall durchschlüpfen konnten.

Ich blickte aus dem Fenster, und einer von den Kleinen sah mich an, lächelte und bedeutete mir mit dem Blick, daß er zu mir herein wolle.

»Ich will zu dir,« sagte er.

»Du wirst mich töten!«

»Ich will zu dir!« sagte er noch einmal und begann plötzlich an der weißen Mauer des Hauses emporzukriechen, wie eine Ratte, ganz wie eine hungrige Ratte. Er glitt herab und quiekte, kroch aber gleich wieder an der Mauer hinauf und flitzte so rasch hin und her, daß ich seinen hastigen, zuckenden Bewegungen kaum zu folgen vermochte.

»Wie, wenn er unter der Tür hindurchschlüpft?« dachte ich in plötzlichem Erschrecken, und als wenn er meinen Gedanken erraten hätte, begann er sogleich sich zu dehnen, daß er ganz lang und schmal wurde, und so, mit dem Schwanzende zappelnd, kroch er durch die dunkle Spalte unterhalb der Eingangstür. Ich hatte gerade noch Zeit genug, mich unter der Bettdecke zu verstecken, und hörte, wie er, der Kleine, mich in den dunklen Zimmern suchte, indem er mit den nackten kleinen Füßen vorsichtig umhertappte. Ganz langsam, immer wieder Halt machend, näherte er sich meinem Zimmer und trat ein; lange Zeit hörte ich nichts, nicht eine Bewegung, nicht ein Geräusch, als wenn niemand da wäre. Dann lüftete eine kleine Hand behutsam den Zipfel meiner Decke, und die kalte Zimmerluft berührte mein Gesicht und meine Brust. Ich hielt die Decke fest, so gut ich konnte, aber immer wieder ward ihr Rand emporgehoben, und meine Füße wurden auf einmal so kalt, als wenn sie in Wasser getaucht würden. Hilftos starrten sie in das Dunkel des Zimmers, und »er« blickte sie schweigend an.

Auf dem Hofe schlug der Hund kurz an und verstummte – ich hörte seine Kette klirren, als er sich in die Hundehütte zurückzog. »Er« schaute noch immer auf meine nackten Füße und schwieg; aber ich wußte, daß er da war, ich fühlte es heraus aus dem lähmenden Schreck, der gleich dem Tode mich wie in starrer Versteinerung niederhielt. Wäre ich imstande gewesen, zu schreien, ich hätte die ganze Stadt, die ganze Welt wachgeschrieen, aber meine Stimme war erstorben, und ohne mich zu regen, ließ ich es widerspruchslos geschehen, daß die kalten kleinen Hände über meinen Körper hinglitten und meiner Kehle immer näher kamen.

»Ich halt' es nicht aus!« stöhnte ich endlich mit halberstickter Stimme und erwachte für einen Augenblick. Ich sah in das geheimnisvolle, lebendige Dunkel der Nacht hinaus und schlief dann, glaube ich, von neuem ein ...

»Beruhige dich!« sagte der Bruder zu mir, während er sich auf mein Bett setzte; es knarrte unter ihm, so wuchtig drückte er darauf in seiner toten Schwere. »Beruhige dich, du hast das alles nur geträumt. Es schien dir, daß man dich würgt – während du in Wahrheit in deinem dunklen Zimmer liegst, von niemand gestört, und fest schläfst, und ich in meinem Kabinett sitze und schreibe. Keiner von euch hat begriffen, was ich schreibe; ihr habt mich ausgelacht, mich einen Narren genannt. Jetzt aber will ich dir die Wahrheit sagen: ich schreibe über das rote Lachen! Kannst du es sehen?«

Etwas Gewaltiges, Blutiges, Rotes stand vor mir und grinste mich zahnlos an.

»Das ist das rote Lachen! Wenn die Erde verrückt wird, dann lacht sie so. Du weißt doch, daß die Erde verrückt geworden ist? Es gibt keine Blumen, keine Lieder mehr auf ihr, sie ist rund, glatt und rot geworden wie ein Menschenkopf, von dem man die Haut abgezogen hat. Siehst du sie?«

»Ja, ich sehe sie. Sie lacht.«

»Schau, was mit ihrem Hirn geworden ist: es ist rot wie blutiger Grützbrei, und ganz zerrührt ...«

»Ich höre sie schreien ...«

»Sie empfindet Schmerz. Sie hat weder Blumen noch Lieder. Jetzt laß mich ins Bett – ich will mich auf dich legen ...«

»Ich fürchte mich so sehr ...«

»Wir Toten legen uns auf die Lebenden ... Es ist dir doch wohl dabei?«

»Ich sterbe ...«

»Erwache und schrei! Erwache und schrei! Ich gehe ...«

Sechzehntes Fragment

... Acht Tage lang ist die Schlacht bereits im Gange. Am vergangenen Freitag hat sie begonnen, und nun ist der Sonnabend, der Sonntag, Montag, Dienstag, Mittwoch, Donnerstag vergangen, wieder ist der Freitag gekommen und vergangen, und sie ist immer noch im Gange. Zwei Heere, Hunderttausende von Menschen, stehen einander gegenüber, ohne zu weichen, und senden sich unaufhörlich todbringende Explosivgeschosse zu. In jedem Augenblick werden lebendige Menschen in Leichname verwandelt. Der Himmel selbst bebt von dem ewigen Donner und den unaufhörlichen Lufterschütterungen, schwarze Wolken sammeln sich über den Häuptern der Kämpfenden, und Gewitter gehen nieder – sie aber stehen einander gegenüber, ohne zu weichen, und töten sich gegenseitig. Wenn der Mensch drei Nächte nicht geschlafen hat, wird er krank und verliert das Gedächtnis – und sie schlafen bereits seit einer Woche nicht und sind alle miteinander Geisteskranke. Darum fühlen sie auch den Schmerz nicht, darum halten sie stand und werden so lange standhalten, bis alle getötet sind. Es heißt, daß einigen Truppenteilen die Munition ausgegangen ist, daß sie mit Steinen und Fäusten weiter kämpften, daß sie bissen wie die Hunde. Wenn die Reste dieser Heerhaufen nach Hause zurückkehren sollten, werden sie Reißzähne haben, wie die Wölfe – aber sie werden nicht zurückkehren, sie sind dem Wahnsinn verfallen und werden sich alle bis auf den letzten Mann gegenseitig töten.

Sie sind dem Wahnsinn verfallen. In ihrem Kopfe ist alles um und um gekehrt, sie vermögen nichts mehr zu begreifen: wenn man sie plötzlich, ganz jäh und rasch, Kehrt machen ließe – sie würden ohne Bedenken auf die Ihrigen schießen, in der Meinung, es seien die Feinde.

Seltsame Gerüchte gehen um ... Gerüchte, die man sich nur leise, voll bleichen Entsetzens und banger Ahnung, zuzuraunen wagt. O Bruder, Bruder, hörst du es, was man sich erzählt vom roten Lachen? Es heißt, daß Armeen von Gespenstern, Regimenter von Schatten auf dem Kampfplatz erschienen sind, die in allem den Lebenden gleichen. In der Nacht, wenn die wahnbefangenen Gehirne der Streitenden jäh ermatten und sie für einen Augenblick in Schlaf sinken, oder am Tage, wenn in der Hitze des Gefechts der helle Tag selbst zum Gespenst geworden, tauchen sie plötzlich auf, schießen aus gespenstischen Geschützen und erschüttern die Luft mit gespenstischen Donnern, und die Menschen, die lebenden, wahnsinnigen Menschen, voll Bestürzung über die jähe Erscheinung, kämpfen auf Tod und Leben gegen den geisterhaften Feind, verlieren den Rest der Vernunft, werden im Augenblick grau und sterben. Und so plötzlich, wie die Gespenster erschienen – so plötzlich verschwinden sie wieder, und lautlose Stille tritt ein, und die Erde ist von neuen, gräßlich entstellten Leichen bedeckt – wer hat sie getötet? Weißt du es, Bruder, wer sie getötet hat?

Wenn nach wildem Kampfe eine Ruhepause eintritt und auch der Feind in der Ferne rastet, ertönt plötzlich ein einzelner, angstvoller Schuß durch die dunkle Nacht. Und alle springen auf, und alle schießen ins Dunkel hinein, und schießen lange, ganze Stunden lang, in das lautlose Dunkel, das ihnen keine Antwort gibt. Was sehen sie dort? Was ist dieses Entsetzliche, das ihnen dort sein Wahnsinn und Schrecken atmendes Bild vorgaukelt? Du weißt es, Bruder, und auch ich weiß es – sie aber, diese Ärmsten, wissen es noch nicht, sie ahnen es höchstens und fragen erbleichend: warum gibt es denn so viel Wahnsinnige unter uns? Es hat doch früher nie so viel Wahnsinnige gegeben!

»Es hat früher niemals so viel Wahnsinnige gegeben!« sagen sie erbleichend, und sie suchen sich einzureden, daß es jetzt ganz genau so sei wie früher, und daß dieser Weltbrand, diese furchtbare Vergewaltigung der Vernunft, ihren armen kleinen Hirnen nichts anhaben könne.

Die Menschen haben doch auch früher und überhaupt zu allen Zeiten Kriege geführt, und man hat nichts von der Art beobachtet! »Kampf« heißt das Gesetz des Lebens, sagen sie voll Überzeugung und Ruhe, und dabei werden sie selber bleich, und spähen besorgt nach dem Arzt, und schreien voll Angst: »Wasser! Rasch, rasch – ein Glas Wasser!«

Sie würden mit Vergnügen Idioten werden, diese armen Menschlein, um nur nicht merken zu müssen, wie ihr Verstand ins Wanken gerät, wie in diesem Kampfe mit dem Absurden, dem sie so gar nicht gewachsen sind, ihre Denkkraft erlahmt. In diesen grausigen Tagen, da man dort in der Ferne unaufhörlich aus Menschen Leichen machte, konnte ich nirgends Ruhe finden und lief dahin und dorthin, wo es Menschen gab; ich hörte viele Gespräche über dieses Thema, hörte viele Leute unter erheucheltem Lächeln versichern, daß der Krieg sie nicht das geringste angehe. Aber noch häufiger begegnete ich ehrlichem, unverhülltem Entsetzen und hoffnungslosen, bitteren Tränen, und grenzenloser, laut aufschreiender Verzweiflung, in deren Ausbrüchen der große Weltengeist selbst durch menschlichen Mund sein machtvolles Drohwort zu offenbaren schien:

»Wann wird es enden, dieses wahnsinnige Schlachten?«

In einer bekannten Familie, die ich schon lange, vielleicht ein paar Jahre lang nicht besucht hatte, traf ich unvermutet mit einem geistesgestörten Offizier zusammen, der eben vom Kriegsschauplatz heimgekehrt war. Wir hatten gemeinsam die Schule besucht, aber ich erkannte ihn nicht wieder; auch seine Mutter, die ihn doch geboren, hatte ihn nicht wiedererkannt; wenn er ein ganzes Jahr im Grabe gelegen hätte, wäre er sich selbst ähnlicher geblieben als jetzt. Sein Haar ist ganz weiß geworden; die Gesichtslinien sind nur wenig verändert – aber er schweigt immer und horcht auf irgend etwas, und das gibt seinem Gesichte einen so beklemmend seltsamen Ausdruck der Weltfernheit und Gleichgültigkeit gegen alles, daß man geradezu Furcht hat, ihn anzusprechen. Man hat seinen Angehörigen erzählt, auf welche Art er seinen Verstand verlor: er stand in der Reserve, als das Nachbarregiment zur Bajonettattacke überging. Die Leute stürmten vorwärts und schrieen »Hurra«, und zwar so laut, daß sie beinahe die Schüsse überschrieen. Da plötzlich verstummten die Schüsse, und das Hurra verstummte, und Grabesstille trat ein – sie waren aneinander geraten, der Bajonettkampf hatte begonnen. Und diese Stille hatte sein Verstand nicht ertragen.

Jetzt verhält er sich ruhig, solange man in seiner Gegenwart spricht, lärmt, schreit; er hört dann zu und wartet; es braucht jedoch nur einen Augenblick Stillschweigen einzutreten, und sogleich faßt er sich an den Kopf, stürmt auf die Wand, auf die Möbel los und bekommt einen jähen Anfall, wie ein Epileptiker. Er hat zahlreiche Verwandte – sie lösen sich gegenseitig bei ihm ab und verbreiten um ihn einen Lärm, der ihm wohltut, und für die Nächte, die langen, lautlosen Nächte, hat sein Vater – ein alter Graubart, der gleichfalls ein wenig verrückt ist – einen Ausweg gefunden. Er hat die Wände seines Zimmers mit laut tickenden Uhren behängt, die fast ununterbrochen, jede immer zu verschiedener Zeit, schlagen, und jetzt hat er darin ein Rad angebracht, das einer beständig arbeitenden Schnarre gleicht. Sie verlieren alle die Hoffnung nicht, daß er gesund werden wird, da er erst siebenundzwanzig Jahre zählt, und augenblicklich herrscht bei ihnen sogar eine ganz vergnügte Stimmung. Man läßt ihn elegante Zivilkleider tragen und sorgt auch sonst für sein Äußeres, und mit seinem weißen Haar, mit dem noch jugendlichen, nachdenklichen, vornehmen Gesicht und den langsamen, müden Bewegungen ist er sogar hübsch zu nennen.

Als man mir seine Geschichte erzählt hatte, ging ich hin und küßte seine Hand, diese bleiche, welke Hand, die sich nie wieder zu einem Schlage gegen einen Menschen erheben wird, und niemand wunderte sich weiter darüber, daß ich seine Hand küßte. Nur seine junge Schwester lächelte mir mit den Augen zu und war dann die ganze Zeit so liebenswürdig um mich herum, als wenn ich ihr Bräutigam wäre und sie mich über alles in der Welt liebte. So liebenswürdig war sie, daß ich nahe daran war, ihr von meinen öden, dunklen Zimmern zu erzählen, in denen ich ganz allein – nein, schlimmer als allein war. – Erbärmliches, schwaches Herz, das doch nie der Hoffnung auf Trost entsagen mag ....

Sie wußte es so einzurichten, daß wir zu zweien allein blieben.

»Wie bleich Sie sind,« sagte sie freundlich, »und solche dunkle Ringe haben Sie um die Augen. Sind Sie krank? Tut's Ihnen leid um Ihren Bruder?«

»Mir tut es um alle leid. Ich fühle mich nicht ganz gesund.«

»Ich weiß, warum Sie seine Hand geküßt haben. Die andern haben es nicht verstanden. Weil er ... irrsinnig ist, nicht wahr?«

»Ja, weil er irrsinnig ist.«

Sie blickte nachdenklich vor sich hin und sah jetzt dem Bruder sehr ähnlich, nur daß sie ganz jung und frisch war.

»Und würden Sie mir wohl erlauben« – sie hielt inne und wurde rot, doch schlug sie die Augen nicht nieder – »würden Sie mir erlauben, daß ich Ihre Hand küsse?«

Ich kniete vor ihr nieder und sagte: »Segnen Sie mich!«

Sie erbleichte ein wenig, trat einen Schritt zurück und flüsterte mit den bloßen Lippen:

»Ich bin nicht gläubig.«

»Auch ich bin es nicht.«

Einen Augenblick ruhten ihre Hände auf meinem Kopfe.

»Du weißt, daß ich dorthin fahre?« sagte sie dann.

»Tu es! Doch du wirst es nicht ertragen.«

»Ich weiß nicht ... Aber sie bedürfen der Hilfe – wie du, wie der Bruder. Sie tragen keine Schuld. Wirst du meiner gedenken?«

»Ja. Und du?«

»Auch ich werde deiner gedenken. Lebe wohl!«

»Lebe wohl für immer!«

Ich wurde ruhig, und es wurde mir leicht ums Herz, als hätte ich bereits das Furchtbarste überstanden, was Tod und Wahnsinn in sich schließen. Und zum erstenmal betrat ich gestern gelassen und furchtlos mein Haus, öffnete das Kabinett des Bruders und saß lange an seinem Tische. Und als ich plötzlich in der Nacht wie von einem Stoß erwachte und das Kratzen der trockenen Feder auf dem Papier vernahm, erschrak ich durchaus nicht, sondern dachte fast lächelnd:

»Schreib nur, Bruder, schreib! Deine Feder ist nicht trocken – sie ist in lebendiges Menschenblut getaucht. Mögen deine Blätter immerhin leer scheinen – in ihrer unheimlichen Leerheit sagen sie mehr über Krieg und Vernunft als alles, was weise Männer darüber geschrieben haben. Schreib, Bruder, schreib!«

... Heute morgen las ich, daß die Schlacht immer noch fortdauere, und von neuem bemächtigte sich meiner eine qualvolle Unruhe. Ich hatte das Gefühl, als ob irgend etwas Fremdes jäh in mein Hirn eindringe. Es kommt, es ist schon nahe – es steht bereits auf der Schwelle dieser öden, hellen Zimmer. Gedenke mein, o gedenke mein, du mein liebes Mädchen: ich werde wahnsinnig. Dreißigtausend Tote! Dreißigtausend Tote ...

Siebzehntes Fragment

... Schlägereien, blutige Zusammenstöße wüten in der Stadt. Dunkle, furchtbare Gerüchte schwirren umher ...

Achtzehntes Fragment

Heute morgen, als ich in der Zeitung das endlose Verzeichnis der Gefallenen durchlas, fiel mir ein bekannter Name auf: der Bräutigam meiner Schwester, der zugleich mit meinem Bruder als Offizier eingezogen worden war, hatte den Tod auf dem Schlachtfelde gefunden. Und eine Stunde später übergab mir der Briefträger einen Brief, der an meinen Bruder adressiert war, und auf dem Kuvert erkannte ich die Handschrift des Gefallenen: der Tote schrieb an den Toten! Aber das ist noch nicht so grausam wie jener andere Fall, in dem ein Toter an einen Lebenden schrieb: man hat mir eine Mutter gezeigt, die einen ganzen Monat hindurch Briefe von ihrem Sohne erhielt, nachdem sie in der Zeitung die Nachricht von seinem schrecklichen Ende gelesen hatte: er war von einer Granate zerrissen worden. Er war ein sehr liebevoller Sohn gewesen, und jeder seiner Briefe war voll zärtlicher Worte, voll ermutigender Tröstungen, voll jugendlicher, naiver Hoffnung auf irgend ein unbekanntes Glück. Nun war er tot – und jeden Tag schrieb er mit unheimlicher Pünktlichkeit immer nur vom Leben, daß die Mutter schließlich aufhörte, an seinen Tod zu glauben; und als dann ein Tag, und noch ein zweiter und dritter verging, ohne daß ein Brief von ihm kam, als das endlose Schweigen des Todes eintrat – nahm sie den großen, alten Revolver des Sohnes von der Wand, hielt ihn mit beiden Händen gegen die Brust und jagte sich eine Kugel durch den Leib. Sie ist, glaub' ich, am Leben geblieben – Bestimmtes kann ich nicht sagen...

Lange betrachtete ich das Kuvert und dachte: er hat es in der Hand gehalten, er hat es irgendwo gekauft, hat seinem Burschen Geld gegeben und ihn in irgend einen Laden danach geschickt, hat es sorgfältig geschlossen und dann vielleicht selbst in den Briefkasten gesteckt. Der komplizierte Apparat, den man die Post nennt, ward in Bewegung gesetzt, und an Wäldern, Fluren und Städten vorüber flog der Brief immer weiter, von Hand zu Hand wandernd, jedoch dabei unverwandt seinem Ziele zustrebend. Der ihn geschrieben hatte, zog eines Morgens zum letzten Male seine Stiefel an – und der Brief flog weiter; er wurde getötet – und sein Brief flog weiter; er wurde in eine Grube geworfen, wurde mit Leichen und Erde bedeckt – und der Brief flog immer noch vorüber an Wäldern,

Fluren und Städten, als ein greifbares, lebendiges Gespenst in einem grauen, überstempelten Kuvert. Und nun halte ich ihn in der Hand.

Hier ist der Inhalt des Briefes. Er ist mit Bleistift auf kleine Papierfetzen geschrieben und unbeendet; irgend etwas muß dazwischen gekommen sein.

»... Jetzt erst habe ich die große Freude des Krieges begriffen, diese altehrwürdige, ursprüngliche Lust am Menschenmord, an der Ausrottung dieser klugen, listigen, pfiffigen Geschöpfe, die unvergleichlich interessanter sind als die verschlagensten Raubtiere. Immer nur töten, töten – das ist zum mindesten ebenso erhebend, wie mit Planeten und Fixsternen Lawn-Tennis spielen. Armer Freund, wie bedauere ich, daß du nicht mit uns sein kannst und dich in der faden Alltäglichkeit des Spießbürgerlebens langweilen mußt! Hier, in der Atmosphäre des Todes, würdest du finden, wonach dein ruheloses, hochgemutes Herz immer gestrebt hat. »Im Blute schwelgen« – diese etwas abgenutzte Metapher enthält die volle Wahrheit. Wir waten bis an die Knie im Blute, und wir werden schwindelig von diesem »Rotwein«, wie meine braven Kerle sich scherzhaft ausdrücken. Das Blut des Feindes trinken – nein, das ist gar kein so törichter Brauch, wie wir annehmen: sie wußten sehr gut, was sie taten ...

»... Die Raben krächzen. Hörst du? Die Raben krächzen! Der Himmel ist schwarz von ihren Schwärmen. Sie lassen sich ruhig zwischen uns nieder, sie haben alle Furcht verloren, sie begleiten uns überallhin; wir wandeln unter ihnen wie unter einem riesigen schwarzen Spitzenschirm, wie unter einem beweglichen, schwarzbelaubten Baume. Einer von ihnen flog neulich dicht an mein Gesicht heran und hackte nach mir mit dem Schnabel – er hat mich wohl für einen Toten gehalten. Die Raben krächzen. Und das beunruhigt mich ein wenig. Woher kommen ihrer nur so viele?

»... Gestern überfielen wir den Feind im Schlafe. Wir schlichen uns leise, kaum den Boden mit den Füßen berührend, an sie heran – ganz wie auf der Trappenjagd. Wir krochen so vorsichtig, so listig heran, daß wir nicht einen Leichnam berührten, nicht einen Raben aufscheuchten. Wie Schatten schwebten wir dahin, und die Nacht verbarg uns. Ich selbst überfiel den Vorposten: ich warf ihn zu Boden und erwürgte ihn mit meinen Händen, damit kein Lärm entstände. Du begreifst doch: der leiseste Schrei, und der ganze Coup wäre vereitelt gewesen. Aber er schrie nicht. Er fand, glaub' ich, gar keine Zeit, sich darüber klar zu werden, daß man ihn tötete.

»Sie schliefen alle an den verglimmenden Lagerfeuern, schliefen ruhig, wie daheim in ihren Betten. Ueber eine Stunde dauerte unsere blutige Arbeit, und nur wenige erwachten, bevor sie den Todesstoß empfingen. Sie winselten wohl, röchelten, baten um Schonung. Sie bissen auch nach uns. Einer von ihnen biß mir den kleinen Finger der linken Hand ab, mit der ich unvorsichtigerweise seinen Kopf festhielt. Nun, er hatte mir den Finger abgebissen – und ich hieb ihm dafür glattweg den Kopf vom Rumpfe; so waren wir doch quitt – was meinst du? Daß sie gar nicht erwachten bei der Metzelei! Man hörte das weiche Schwappen des Fleisches, wenn unser Stahl ein Hieb, und das Knirschen der Knochen. Dann zogen wir sie nackt aus und verteilten, wie es im Evangelium heißt, ihr Gewand unter uns. Nimm mir den frechen Scherz nicht übel, lieber Freund. Du wirst in deiner pedantischen Korrektheit vermutlich sagen, unser Verhalten sehe arg nach Marodieren aus – aber wir laufen ja selbst halb nackt herum, unsere Uniformen sind ganz aufgetragen. Ich trage schon lange eine Art Frauenleibchen und sehe einer .... weit ähnlicher als einem Offizier unserer glorreichen Armee.

»Apropos: Du bist ja verheiratet, und darfst eigentlich nichts »Derartiges« lesen. Aber ... verstehst Du? Die Weiber! Teufel noch eins, ich bin doch ein junger Kerl, und ich sehne mich so nach Liebe! Du zeigtest mir 'mal das Bild eines jungen Mädchens und fügtest, es sei Deine Braut; es waren da ein paar ergreifende, so schwermütige, tief melancholische Zeilen aufgeschrieben, und Du weintest, als Du sie lasest. Das ist schon recht, recht lange her, aber ich erinnere mich noch daran. Hier im Kriege haben wir natürlich zu solchen Dingen kaum Zeit, aber damals weintest Du – so schwermütig, so traurig war, was auf dem Bilde geschrieben stand ... Wie kann ein Offizier nur weinen?!«

»... Die Raben krächzen. Hörst Du, Freund: die Raben krächzen! Was mögen sie nur wollen? ...«

Die weiteren, mit Bleistift geschriebenen Zeilen waren ganz verwischt, und auch die Unterschrift war unleserlich.

Seltsamerweise empfand ich nicht das geringste Mitgefühl für den Gefallenen. Ich stellte mir ganz deutlich sein Gesicht vor, in dem alles so weich und zart war wie bei einer Frau: die rosigen Wangen, die hellen, morgenklaren Augen, das weiche, flaumige Bärtchen, das auch einer Frau ganz gut gestanden hätte. Er war ein Freund von Büchern, von Blumen, von Musik, er hatte eine natürliche Scheu vor allem Rohen und schrieb Verse, und mein Bruder meinte als ehrlicher Kritiker, daß seine Verse recht gut seien. Und mit alledem und allem, was ich sonst noch von ihm wußte, vermochte ich die krächzenden Raben, das nächtliche Blutbad und seinen Tod nicht in Einklang zu bringen.

... Die Raben krächzen ...

Und plötzlich glaubte ich für einen einzigen, unsagbar glücklichen Augenblick des Wahns ganz deutlich zu sehen, daß alles nur Lüge und Täuschung sei, daß es gar keinen Krieg gebe. Es gab keine Toten, keine Leichen, keinen grausigen Zusammenbruch des hilflos schwankenden Denkens. Ich liege auf dem Rücken und habe einen schrecklichen Traum, wie in meiner Kindheit: diese unheimlichen, schweigsamen, vom Schauer des Todes erfüllten Zimmer, sie sind nur ein Traum, und ich selbst, samt dem seltsamen Brief, den ich in der Hand halte - ich bin nur eine Traumgestalt. Mein Bruder lebt, und sie sitzen alle dort drinnen beim Tee, und man hört das Teegeschirr klirren ...

Nein, es ist doch wahr. O unglückliche Mutter Erde, es ist doch wahr! Die Raben krächzen. Das ist kein bloßer Einfall eines eitlen Skribenten, der nach billigen Effekten hascht, oder eines wahnbefangenen Narren. Die Raben krächzen. Wo ist mein Bruder? Er war so gut, so edel und wünschte niemandem etwas Böses. Wo ist er? Euch frage ich, ihr verruchten Mörder! Vor der ganzen Welt frage ich euch, ihr verruchten Mörder, ihr Raben, die ihr auf dem Aas sitzt, ihr unseligen, schwachsinnigen Bestien! Ihr Bestien! Warum habt ihr meinen Bruder gemordet? Wenn ihr ein menschliches Antlitz hättet, würde ich euch ohrfeigen - aber ihr habt kein menschliches Antlitz, ihr habt nur die Schnauze eines Raubtieres. Ihr spielt die Rolle von Menschen - aber unter den Handschuhen sehe ich eure Krallen, und unter dem Hute den flachen Schädel des Tieres; hinter euren verständigen Reden höre ich den heimlichen Wahnsinn, das Klirren rostiger Ketten. Und mit aller Kraft meines Grames, meines Schmerzes, meines geschändeten Denkens verfluche ich euch, ihr unseligen, schwachsinnigen Tiere!

Letztes Fragment

»... Von euch erwarten wir eine geistige Wiedergeburt, ein neues Leben!«

Der Redner schrie es laut in die Menge hinein, wobei er sich nur mit Mühe auf dem Pfeiler aufrecht erhielt und, mit den Armen balancierend, eine Fahne schwenkte, auf der man in großer, durch die Falten gebrochener Schrift die Worte las: »Nieder mit dem Kriege!«

»... Ihr Vertreter des jungen Geschlechts, ihr, vor denen das Leben noch offen daliegt: bewahret euch selbst und die kommenden Geschlechter vor diesem Schrecken, diesem Wahnsinn! Nicht länger ist's zu tragen: von Blut sind die Augen geblendet. Der Himmel stürzt auf die Köpfe, die Erde spaltet sich unter den Füßen. Ihr guten Leute ...«

Ein rätselhaftes Grollen ging durch die Menge, und die Stimme des Redners verlor sich auf ganze Minuten in diesem dumpfen, drohenden Lärm.

»... Mag ich immerhin verrückt sein: jedenfalls spreche ich die Wahrheit. Mein Vater und mein Bruder faulen dort, wie das Aas gefallener Tiere. Laßt Scheiterhaufen aufflammen, grabt tiefe Gruben und vernichtet, verscharrt alle Waffen! Zerstört die Kasernen, laßt die Menschen dieses prunkvolle Kleid des Wahnsinns ausziehen! ... Nicht länger ist's zu tragen ...«

Ein großer, starker Mensch schlug auf den Redner los und stieß ihn von dem Pfeiler herunter; die Fahne flatterte noch einmal auf und fiel dann zu Boden. Ich konnte das Gesicht des Schlagenden nicht mehr unterscheiden, denn plötzlich war alles in ein einziges wildes Chaos umgewandelt. Alles geriet in Bewegung, heulte wild auf, wogte und brandete durcheinander. Steine und Knüttel sausten durch die Luft, Fäuste flogen über die Köpfe empor und hieben auf irgend jemanden ein. Wie eine lebendige, brausende Welle hob die Menge mich empor, trug mich ein paar Schritte weit fort und schleuderte mich mit Gewalt gegen einen Zaun, dann trug sie mich zurück, warf mich zur Seite und preßte mich schließlich gegen einen hohen Holzstapel, der bedenklich übergeneigt war und auf die Köpfe der Menge herabzustürzen drohte. Plötzlich knattert und prasselt etwas gegen die Balken; ein Augenblick der Stille tritt ein –

dann erdröhnt von neuem ein furchtbares Geheul, wie aus gähnendem Schlunde schallend, erschreckend in seiner Elementargewalt. Und wiederum knattert und prasselt es, und neben mir bricht jemand zusammen, und aus einem roten Loch in seiner Stirn, an der Stelle, wo sonst die Augen sind, strömt rotes Blut. Ein schwerer Zaunpfahl saust durch die Luft und streift mein Gesicht, und ich stürze blutüberströmt zu Boden, winde mich zwischen den stampfenden Beinen hindurch und erreiche einen freien Raum. Dann kletterte ich über ein paar Zäune, brach mir dabei alle Nägel von den Fingern ab und kroch schließlich auf einen Holzstapel hinauf; er brach unter mir zusammen, und ich stürzte mit dem Katarakt von niederrollenden Scheiten zu Boden; mit vieler Mühe arbeitete ich mich aus dem Holzhaufen heraus, und wie ich hinhorchte, vernahm ich hinter mir, dicht auf meinen Fersen, ein jähes Krachen, Heulen und Knattern. Irgendwo läutete eine Kirchenglocke; ein Einsturz erfolgte – wie wenn ein Haus von fünf Stockwerken in sich zusammenbräche. Die Dämmerung schien sich in die Länge zu ziehen und den Einbruch der Nacht aufzuhalten, und von dem Tumult und den Gewehrsalven schien gleichsam ein roter Schein auszugehen, der der Finsternis wehrte. Als ich den letzten Zaun überklettert hatte, sah ich mich in einer schmalen, krummen, korridorartigen Sackgasse, in der ich ratlos hin und her lief, ohne einen Ausgang zu finden, da neue hohe Zäune mit dahinter emporragenden Holzhaufen sie abschlossen. Wieder kroch ich vorwärts über die beweglichen, schwankenden Haufen, stürzte in eine Art Brunnen, in dem es ganz still war und nach feuchtem Holz roch, und krabbelte wieder heraus. Ich wagte nicht rückwärts zu schauen: ich wußte ohnedies nach dem rötlichen Schein, der auf die schwarzen Balken fiel, was dort hinten vorging. Das Blut rann jetzt nicht mehr von meinem zerschlagenen Gesicht, das ganz seltsam starr geworden war, wie eine Gipsmaske; auch der Schmerz hatte fast ganz aufgehört.

Weiter und weiter lief ich, durch unbekannte Gassen, in denen keine Laternen brannten, zwischen dunklen Gebäuden hin, die wie ausgestorben schienen, und konnte mich nicht herausfinden aus diesem finsteren, schweigsamen Labyrinth. Ich hätte Halt machen und um mich schauen sollen, um mich zu orientieren, aber das ging nicht an, denn auf den Fersen saß mir immer noch das wüste Toben und Heulen, das sich hinter mir herwälzte. Zwar dröhnte es jetzt mehr gedämpft, wie aus der Ferne, wenn ich jedoch plötzlich an eine Querstraße kam, schlug es mir grell ins Gesicht, wie in purpurne, wirbelnde Rauchwolken gehüllt, und ich machte Kehrt und lief so lange, bis ich das dröhnende Chaos wieder in meinem Rücken hörte. An der einen Ecke bemerkte ich einen Lichtstreifen, der bei meinem Herannahen erlosch: man schloß da in aller Eile einen Laden zu. Durch die breite, erhellte Lücke sah ich noch ein Stück vom Ladentisch und ein Faß, dann war alles jäh in lautloses Dunkel gehüllt. Nicht weit von dem Laden stieß ich plötzlich auf einen Menschen, der auf mich zugerannt kam. In der Dunkelheit wären wir fast zusammengestoßen, und auf zwei Schritte Entfernung machten wir beide Halt. Ich weiß nicht, wer er war: ich sah nur die dunkle Silhouette eines Menschen.

»Kommst du von dort?« fragte er.

»Ja, von dort.«

»Und wohin willst Du?«

»Nach Hause!«

Er schwieg einen Augenblick, warf sich dann plötzlich auf mich und wollte mich zu Boden werfen, aber ich entzog mich der Umklammerung seiner Arme, die wild nach meiner Kehle griffen, biß ihn in die Hand und machte mich frei von ihm. Und nun lief ich wieder durch die öden Gassen, und er stampfte in seinen schweren Stiefeln hinter mir her, bis er auf einmal stehen blieb und mich freigab.

Ich weiß nicht, wie ich schließlich in der stockfinsteren Nacht meine Straße erreichte. Auch hier brannten die Laternen nicht, und die Häuser waren stockfinster, wie tot. Und ich wäre sicher an meinem Hause vorübergerannt, wenn ich nicht zufällig aufgeblickt und es erkannt hätte. Ich war jedoch meiner Sache nicht sicher: das Haus, in dem ich so viele Jahre lang gelebt hatte, erschien mir fremd in dieser seltsamen, toten Straße, in der mein laut keuchender Atem einen unheimlichen Widerhall weckte. Dann durchzuckte mich plötzlich ein jäher Schreck bei dem Gedanken, daß ich beim Sturz von dem Holzstapel den Hausschlüssel verloren haben könnte, doch fand ich ihn endlich in der Außentasche. Als ich ihn im

Schlosse umdrehte, wiederholte das Echo den Ton so laut, als wären in all den toten Häusern der Straße mit einem Mal alle Türen geöffnet worden.

Ich lief zuerst nach dem Keller, um mich zu verstecken, hier aber ward mir bald ganz schaurig und bang zu Mute, und es begann mir vor den Augen zu flimmern. Ich stahl mich nun leise nach der Wohnung empor, schloß im Dunkeln alle Türen ab und wollte sie mit Möbeln verbarrikadieren, aber das in den öden Zimmern wiederhallende Gepolter erschreckte mich, und ich stand ab von meinem Vorhaben.

»Ich will den Tod so erwarten,« entschied ich, »es ist ja nun doch alles gleichgültig.«

Ich ging an den Waschtisch, wusch im Dunkeln mein Gesicht und trocknete es mit dem Handtuch ab. Dort, wo mich der Pfahl getroffen, zwickte und zwackte es schmerzhaft, und ich empfand plötzlich den Wunsch, in den Spiegel zu schauen. Ich brannte ein Zündholz an, und in seinem schwachen, schwankenden Lichte trat mir aus dem Spiegel etwas so Furchtbares, Entstelltes entgegen, daß ich eiligst das Zündholz zu Boden warf. Es schien, daß mein Nasenbein zerschmettert war.

»Jetzt ist doch schließlich alles gleich,« dachte ich, »wer frägt jetzt nach meiner Nase!«

Und mit einem Mal ward mir ganz lustig zu Mute. Ich ging nach dem Buffet, suchte dort etwas Eßbares und begann zu essen. Dann öffnete ich das nach dem Hofe führende Luftfenster und lauschte ins nächtliche Dunkel hinaus. Zuerst war alles ganz still – bald aber hörte ich aus der Ferne immer deutlicher das Lärmen und Schreien, das Stürzen und Krachen und lautes Gelächter. Weit lauter dröhnte das alles als vorher. Ich blickte nach dem Himmel: er war ganz purpurrot. Der Schuppen vor mir, das Pflaster des Hofes, die Hundehütte – alles war von demselben roten Schein übergossen.

»Neptun!« rief ich leise den Hund.

Er war nicht da – er hatte sich von der Kette losgerissen und aus dem Staube gemacht. Das Lärmen und Krachen erscholl immer lauter, und ich schloß das Fenster.

»Sie kommen hierher,« dachte ich, und begann nach einem Schlupfwinkel zu suchen, in dem ich mich verstecken könnte. Ich öffnete die Oefen, untersuchte den Kamin, schloß die Spinden auf – und fand nicht, was ich suchte. Alle Zimmer durchsuchte ich, außer dem Kabinett, in dem, wie ich wußte, »er« in seinem Rollstuhl vor dem mit Büchern bedeckten Tische saß.

Allmählich schien es mir, als wäre ich nicht allein im Hause, als gingen im Dunkeln noch irgend welche Gestalten schweigend neben mir her. Ich spürte ganz deutlich einen fremden Atem in meinem Nacken.

»Wer ist da?« fragte ich leise, aber niemand antwortete.

Doch wie ich weiterschritt, fühlte ich wiederum deutlich, wie sie neben mir herschlichen, schweigsam und unheimlich. Ich wußte wohl, daß das alles nur daher kam, weil ich krank war und offenbar fieberte; aber ich konnte mich der Angst nicht erwehren und zitterte am ganzen Leibe. Ich faßte nach meinem Kopfe: er glühte wie Feuer.

»Ich will lieber zu ihm hineingehen,« dachte ich. »Er ist doch immer mein Bruder.«

Er saß in seinem Rollstuhl vor dem Tische mit den Büchern und verschwand diesmal nicht, als ich eintrat. Durch den herabgelassenen Fenstervorhang drang ein rötlicher Schimmer in das Kabinett, der jedoch zu schwach war, als daß man deutlich hätte sehen können. Auch »er« war nur ganz wenig zu sehen. Ich setzte mich abseits von ihm auf den Divan und wartete. Das Lärmen und Krachen draußen ward immer lauter – sie kamen, sie kamen! Immer stärker flammte der purpurne Lichtschein, und jetzt sah ich den Bruder ganz deutlich in seinem Sessel: sah das schwarze, wie aus Eisen gegossene, von einer schmalen roten Linie umrissene Profil.

»Bruder!« rief ich leise.

Doch er schwieg, er blieb unbeweglich und schwarz, wie eine Statue. Im Zimmer nebenan knarrte eine Diele – und plötzlich ward es dann so still, so still, wie im Reich der Toten. Auch der rote Lichtschein bekam etwas Totes, Starres, Düsteres, und ich glaubte, daß diese Totenstille von dem Bruder ausgehe.

Und ich sagte ihm, was ich dachte.

»Nein, nicht von mir geht das aus,« antwortete er. »Blicke zum Fenster hinaus!«

Ich zog den Vorhang zur Seite – und fuhr zurück.

»Das also ist es!« sagte ich.

»Ruf meine Frau, sie hat das noch nicht gesehen,« befahl mir der Bruder.

Sie saß im Eßzimmer und nähte irgend etwas. Als sie mein Gesicht erblickte, legte sie die Arbeit weg und folgte mir. Ich zog an allen Fenstern die Vorhänge zurück, und durch die breiten Oeffnungen flutete ungehindert der rote Lichtschein. Seltsamerweise ließ er die Zimmer im Dunkeln – nur die Fenster lohten wie unbewegliche, große, rote Rechtecke.

Wir traten an eins der Fenster. Dicht am Gemäuer des Hauses, am Karnies, setzte der gleichmäßig feuerrote Himmel ein, ohne Wolken, ohne Sterne, ohne Sonne und wölbte sich weithin nach dem Horizont. Und tief unter ihm dehnte sich ein ebenso gleichmäßig dunkelrotes Feld, das ganz mit Leichen bedeckt war. Alle Leichen waren nackt und mit den Füßen uns zugewandt, daß wir nur die Sohlen und die dreieckigen Köpfe sahen. Und es war ganz still – offenbar waren alle tot, und es gab auf dem unabsehbar weiten Felde keine Vergessenen.

»Es werden ihrer noch mehr werden,« sagte der Bruder.

Auch er stand am Fenster, und alle waren überhaupt da: die Mutter, die Schwester, und alle, die in diesem Hause wohnten. Ihre Gesichter sah ich nicht, nur ihre Stimmen unterschied ich.

»Das ist alles nur Schein,« meinte die Schwester.

»Nein, es ist Wahrheit. Sieh doch hin!«

Die Zahl der Toten schien in der Tat zu wachsen. Wir forschten gespannt nach der Ursache und sahen, wie neben dem einen Toten, wo vorher ein leerer Raum gewesen, plötzlich ein neuer Toter erschien: offenbar schleuderte die Erde selbst sie hervor. Und alle leeren Plätze füllten sich rasch, und bald schimmerte die ganze Erde von rosig blassen Leibern, die reihenweise, mit den nackten Sohlen uns zugewandt, hingestreckt lagen. Und ein rosig blasser, toter Wiederschein fiel auch ins Zimmer.

»Seht doch, sie haben nicht Platz genug!« sagte der Bruder.

Und die Mutter sprach:

»Einer ist schon da!«

Wir wandten uns um: hinter uns auf dem Fußboden lag ein nackter, rosig-blasser Leib mit zurückgeneigtem Kopfe. Und sogleich erschien neben ihm ein zweiter und dritter. Einen nach dem andern warf die Erde aus, und bald füllten die regelmäßig gereihten, rosigblassen Leiber alle Zimmer.

»Auch im Kinderzimmer sind welche,« sagte die Amme, »ich hab's gesehen.«

»Laßt uns von hier fortgehen,« bat die Schwester.

»Ihr findet nirgends einen Ausgang!« ließ sich der Bruder vernehmen – »seht doch!«

Und in der Tat: sie berührten uns schon mit den nackten Füßen, und sie lagen ganz dicht, Arm an Arm. Und nun gerieten sie in Bewegung und richteten sich reihenweise, ganz wie sie lagen, empor: denn neue Tote kamen aus der Erde, drängten sie nach oben und nahmen ihren Platz ein.

»Sie werden uns erdrücken!« schrie ich – »retten wir uns durchs Fenster!«

»Das geht nicht!« schrie der Bruder. »Das geht nicht! Sieh doch, was dort ist!«

Vor dem Fenster, im purpurroten, regungslosen Lichte, stand es selbst in eigenster Gestalt, das *Rote Lachen*.

Druck von Rosenthal & Co., Berlin *SO*. 16.

Leonid Andrejew

In *Leonid Andrejew* besitzt die jung-russische Literatur eins der eigenartigsten, kraftvollsten Talente, das von Anfang an in eigenen Bahnen gewandelt ist. Aus realistischem Grunde wachsen die originell-phantastischen Erzeugnisse dieses Dichters in faszinierender Farbenfülle hervor, und die magisch-visionäre, in die dunklen Abgründe des Seelenlebens tief eindringende Art seiner Darstellung kennzeichnet ihn als einen überaus scharfsinnigen Psychologen. Andrejew erinnert vielfach an *Edgar Allan Poe*, dann aber auch an seinen genialen Landsmann *M. Wrubel*, dessen phantastische Gemälde überall berechtigtes Aufsehen erregt haben.

Dabei sind es durchaus moderne, aktuelle Probleme, die Andrejew mit Vorliebe behandelt. In reicher Fülle bietet ihm die in fortschreitender Zersetzung begriffene Gesellschaftsordnung seines russischen Vaterlandes den geeigneten Stoff dar, und er weiß den Spiegel seines Talents so meisterlich zu handhaben und die Reflexe so wirkungsvoll anzuordnen, daß er auf seine große russische Lesergemeinde förmlich wie ein Hypnotiseur wirkt. Jede neue Dichtung Andrejews bedeutet für Rußland ein Ereignis – man weiß, daß er jedesmal etwas Unerwartetes, Überraschendes bringt und, was den Kernpunkt anlangt, den Nagel stets auf den Kopf trifft.

Es lag in der Richtung von Andrejews Schaffen, daß er das blutige Völkergemetzel in der Mandschurei zum Vorwurf einer Dichtung nahm. Aber »*Das rote Lachen*«, dessen Stoff den ostasiatischen Kriegsereignissen entnommen ist, wächst über den Rahmen der militaristischen Belletristik weit hinaus: es ist eine tiefsymbolische Dichtung, ein mutiger Protest gegen die Greuel des Krieges, ein beredtes Plaidoyer für den großen Gedanken des Völkerfriedens. In diesem Sinne will die Dichtung, um deretwillen man Andrejew ins Gefängnis gesetzt hat, aufgefaßt und gewürdigt sein.

Leonid Andrejew steht etwa in gleichem Alter wie sein Freund und Mitstreiter *Maxim Gorki*. Er ist von Haus aus Jurist und war kurze Zeit Advokat in Moskau; als solcher hat er, wie er in einem selbstbiographischen Abriß erzählt, »einen einzigen Prozeß geführt – und diesen einen hat er verloren«. Er wandte sich bald ganz der Literatur zu, in der er mit mehr Glück debütierte: er zählt unbestritten zu den führenden Geistern der russischen Intelligenz, die heut den Verzweiflungskampf um ihre Menschenrechte führt.

Berlin, Ende März 1905.

A. Scholz.

Stimmen der Presse über »Das rote Lachen«

Münchener Neueste Nachrichten

»Wahnsinn und Schrecken!« lautet das Leitmotiv dieses Buches, des furchtbarsten Pamphlets, das je gegen den Krieg geschrieben worden ist. Vielleicht kann man es Mitleid nennen, was Leonid Andrejew hier die Feder geführt hat, aber nicht jenes fromme, weiche Gefühl, das kleine Pflästerchen auf klaffende Wunden klebt, dem Nietzsches zornige Philippika galt. Dieses Mitleid hebt blutrote Fahnen und bewehrte Fäuste zum Himmel empor. Es greint nicht, sondern es knirscht mit den Zähnen, es faltet nicht die Hände, sondern es schwingt Schild und Schwert. Es ist zornig und voll unbändigen Trotzes, und es läuft Sturm wider die grinsenden Palastlöwen der Macht. Der Grimm ist sein Bruder, und seine Tochter ist die Revolution. – Die russischen Behörden haben das verstanden. Und sie nahmen ihre Handschellen her, dieses plumpe, lächerliche Werkzeug, mit dem noch niemals eine Wahrheit geknebelt worden ist, und schlugen die Hände in Fesseln, welche diese blutrünstigen und von grimmigem Herzweh zitternden Worte niedergeschrieben hatten. Aber die Worte selbst flogen wie Sturmmöwen hinaus ins Volk und vereinten sich mit den zahllosen Flüchen, die da aus der Menge emporstiegen und diesen entsetzlichen, sinnlosen Krieg verwünschten, dieses Ungeheuer, das sich mit Blut und Tränen mästet, das nicht nur tötet, sondern seine Opfer quält, bis sie nicht mehr Menschen, sondern winselnde Tiere und – Wahnsinnige sind. Das rote Lachen – es ist das Grinsen, das vom vergossenen Blute ausgeht, das Grinsen, das nur das verwirrte Gehirn wahrnimmt. Es ist das schneidende Gelächter des Wahnsinns, es ist das letzte Geheimnis dieses fürchterlichsten aller Kriege, der mit vollen Backen die schwarzen Schlachtbataillone kaut und den kein Preis, kein Erfolg je wird rechtfertigen können.

Andrejew predigt nicht, sein Buch ist kein Plaidoyer. Er hält keine Rede gegen diesen Krieg. Er stellt nur sein Bild, seine scheußliche Fratze vor uns auf. Aber jeder Tropfen Blut zittert bei seinem Anblick vor Leid, jedes Herz krümmt sich vor Zorn und Trauer.

Kein schönrer Tod ist in der Welt, Als wer vorm Feind erschlagen!

sang der deutsche Landsknecht in früheren Zeiten. »Krieg ist das Prinzip des Lebens,« sagen heute noch viele Halb-Gelehrte und rollen dazu hinter mächtigen Brillengläsern die kurzsichtigen Augen. Ein einziges Bild Andrejews, wie der vom Hitzschlag betroffene und gleich einem Sack umstürzende Soldat, widerlegt diese Poesie und diese Theorie so bündig, daß uns sogar der darin allenfalls sich aussprechende Mut nur ein Lächeln zorniger Verachtung entlockt. Andrejews Buch ist eine Tat, eine so gute Tat, wie nur je eine mit Schwert und Spieß, mit Hammer und Hebel, mit Bombe und Bajonett vollbracht wurde.

Der Tag

Leonid Andrejews »rotes Lachen« ist bald ein wilder, jäher Schrei, ein geller, nervenerschütternder Schrei aus dem Dunklen - ein Schrei des Wahnsinns und des Entsetzens - und bald eine Vision, ein blutrünstiges Gespenst, das durch die Welt schleicht. Der Ton wird als Bild gesehen und das Bild als Ton gehört. Was uns der russische Novellist von dem »Helden seiner Dichtung«, von dem »roten Lachen« sagt, das gilt auch von seinem Werk, gilt von seiner ästhetischen Auffassung und künstlerischen Behandlung. Sein Werk ist einmal Dichtung, Bild und sinnliche Anschauung - und einmal Rede, Anklage, Tendenz und Agitation, Prophetenpoesie. Auch Leonid Andrejew lockt es nicht mehr, eine Begebenheit zu erzählen oder einen Charakter, eine menschliche Persönlichkeit darzustellen, sondern ein Gefühl, ein rein seelischer Vorgang, etwas, was noch nicht Individuum und weit mehr als bloß Individuum ist, wurde auch bei ihm, wie so vielfach in der jungen Kunst, zum eigentlichen Helden. Als auch einer, der von Edgar Allan Poe herkommt, schildert Leonid Andrejew Wahnsinnszustände, mit der suggestiven Kraft, die erst die Kunst des letzten Jahrhunderts dafür gefunden hat. Bei Andrejew verknüpft sich die Kunst der Darstellung pathologischer Zustände mit der alten russischen Anklageliteratur. Das Gespenst des »roten Lachens« ist das Gespenst des Krieges. Andrejew, der Freund Gorkis, erhebt mit diesem Buche einen flammenden Protest gegen die Menschenschlächterei in der Mandschurei; in ergreifenden und erschütternden Worten und Bildern bringt er die Abscheu der russischen Bildung, die allgemeine Ergrimmung über diesen Krieg zum Abdruck, der zum erstenmal die ganz neue Erscheinung von einer großen Wahnsinnsepidemie gezeitigt hat, die unter den Kämpfenden ausbricht. In düsteren Visionen schildert der Dichter, wie in diesen vierzehntägigen Schlachten zuletzt jeder und jeglicher von Wahnsinn ergriffen wird und dieser Wahnsinn immer mehr und mehr ansteckt, um sich greift und auch die erfaßt, die ruhig daheim blieben, aber ihre Väter, Brüder und Freunde so gräßlich entstellt heimkehren sehen. Mehr noch als der Suttnersche Roman »Die Waffen nieder« erfüllt diese Vision rein dichterisch-suggestiv mit Abscheu und Entsetzen vor jedem Krieg und jeder Kriegslust. *(Julius Hart.)*

Pester Lloyd

(Aus einem Petersburger Briefe.)

Ein Krieg – und besonders ein so furchtbarer, wie der russisch-japanische – kann in der Literatur der kriegführenden Völker natürlich nicht ohne Nachhall bleiben. Die Art und Weise, wie sich die Ereignisse in der Literatur spiegeln, ist höchst bezeichnend für die Augenblicksstimmung sowohl wie für den Volkscharakter überhaupt. Die Stimmung, die gegenwärtig die russische Gesellschaft beherrscht, ist von dem jungen Schriftsteller Leonid Andrejew mit großer Kraft zum Ausdruck gebracht worden. »Das rote Lachen« Andrejews hat demgemäß für den zukünftigen Historiker, welcher einmal über das gegenwärtige Chaos schreiben wird, bedeutenden Wert; aber auch der Politiker unserer Tage muß mit diesem Werke bekannt sein, will er richtig die Lage beurteilen können.

»Das rote Lachen« ist in Form von losen Tagebuchblättern abgefaßt. Der erste Teil umfaßt die Tagebuchblätter eines Artillerie-Offiziers. Von einer Fabel kann eigentlich nicht die Rede sein. Der Offizier nimmt teil an verschiedenen Kämpfen, verliert beide Füße und kommt wahnsinnig zu seiner Familie zurück. Den zweiten Teil bilden Tagebuch-Fragmente seines Bruders. Dieser Bruder ist nicht in den Krieg gezogen, aber er hat ein reges Interesse für alles, was dort im fernen Osten vorgeht, er kennt eine Menge Leute, die aus dem Kriege zurückkehren, und alles, was er erfährt und sieht, bringt ihn gleichfalls zum Wahnsinn. Dasselbe »rote Lachen«, das Lachen des Blutes, welches der Offizier zuerst auf den Feldern der Mandschurei gesehen, verfolgt nun seinen Bruder in der Stadt. Wie eine Pest ist das rote Lachen aus dem Orient nach Europa gekommen, der Wahnsinn wird epidemisch. In der Stadt tönen Flintenschüsse, in der Stadt selbst fließt Blut. Immer mehr Blut, immer mehr, bis schließlich alles damit getränkt ist. Das »rote Lachen« triumphiert, der blutige Wahnsinn beherrscht alles.

Andrejew hat zu Papier gebracht, was hier alle fühlen; er hat es meisterhaft verstanden, das grausige Entsetzen zum Ausdruck zu bringen, das selbst der härteste Mensch hier teilt. Und schließlich prophezeit er, was kommen müsse: der Wahnsinn wird sich verbreiten, das Blut wird nicht nur im Orient lachen, sondern auch hier. Schon ist Blut geflossen, im Jänner, schon laufen von überall

Nachrichten über Bluttaten ein. Es wird aber noch ärger werden. Die Erde ist wahnsinnig geworden, die Sonne ist blutrot, und überall wird man morden und morden. »Das rote Lachen« hat tiefen Eindruck auf das russische Publikum gemacht. Alle Welt liest das Buch, alle Zeitungen besprechen es und widmen ihm längere Artikel. Mir scheint aber, daß die politische Bedeutung des Buches noch nicht genügend gewürdigt worden ist. Wenn ein Volk weiß, wofür es kämpft, wenn der Krieg ein wirklich volkstümlicher ist, dürfte wohl kaum eine solche Schrift wie dieses »rote Lachen« Erfolg haben. Der Verfasser nennt die Japaner überhaupt gar nicht, ihm kommt gar nicht der Gedanke, nach Grund und Ursache des Krieges, nach dem zu erreichenden Zweck zu fragen. Der Krieg ist ihm soviel wie eine Epidemie, ein Erdbeben, etwas Sinnloses, ein elementares Unglück, unausweichlich und entsetzlich. Wie Andrejew, so fühlen (ich sage absichtlich nicht denken, sondern fühlen) sehr, sehr viele.

Magdeburgische Zeitung

Leonid Andrejew, der Freund Gorkis, ist in Deutschland schon bekannt als Gesellschaftskritiker, der, wie alle russischen Schriftsteller, die geistige Vorkämpfer der Revolution sind, den Schäden des russischen sozialen Lebens zu Leibe geht. Zugleich aber ist er ein eigenartiger Dichter von starker Phantasie, von symbolischer Gestaltungskraft, der zuweilen an den Amerikaner Edgar Allan Poe erinnert. In seinem neuen Buche »Das rote Lachen« treten alle diese Züge Andrejews mit klarer Schärfe zu einem festen Umriß seines Wesens hervor, typisch zugleich für die ganze kritische, revolutionäre, in ihrem Ringen und Streiten leidenschaftliche, ja exaltierte Richtung der modernen russischen Literatur, die an Dostojewski anknüpft. Das »rote Lachen« ist eine tief symbolische Dichtung über den Krieg in der Mandschurei, mit der Andrejew für den Völkerfrieden plaidiert; das tut in seiner Weise auch Tolstoi, das hat auch schon Bertha von Suttner mit ihrem Buche »Die Waffen nieder« getan, das wohl in der Komposition mehr durchgearbeitet und umfangreicher, aber längst nicht so wirksam ist als des Russen fragmentarische Schrift. Gewiß liegt das mit an der Gegenwartsbedeutung des »roten Lachens«, das wie ein Schrei unmittelbaren Seelenschmerzes herausgellt aus den Schrecken des Krieges, aber seine volle Stärke, seine Nachhaltigkeit gewinnt der tief erschütternde, krasse Eindruck von Andrejews Buch doch erst durch dessen dichterische Werte. Bei ihm zersplittert sich nicht die Wirkung im Romankapitel und allerlei Einzelheiten; er redet nicht viel, er bildet, er häuft nicht, er faßt zusammen; so hebt sich aus seiner Dichtung, in deren Gang die Phantasie große Visionen von der Art der Kaulbachschen Hunnenschlacht und der unübersehbaren Reihen nackter Leichen aus Stucks Krieg einfügt, dem Leser als furchtbar erhabenes Symbol der grinsende Wahnsinn mit dem blutigen Lachen, viel schauerlicher, viel abschreckender als alle die sentimental erzählten kleinen Einzelschicksale bei der Suttner. Eine gewisse Monotonie in der Form erhöht noch das Grauen, das Fragmentarische von Tagebuchnotizen, das oft nur Andeutende den Eindruck der Unmittelbarkeit. Eine wirksamere Dichtung gegen den Krieg als das »rote Lachen« Andrejews gibt es kaum. Wer mit der Tendenz des Buches nicht einverstanden ist, der muß doch die Kunst des Dichters bewundern, die so ganz abweicht vom Herkömmlichen und packt durch ihre Stimmungskraft, die anschauliche Lebendigkeit ihrer großzügigen impressionistischen Bilder, die alle das Riesengespenst des Wahnsinns blutig beschattet. Das »rote Lachen« ist ein Buch, das viele seiner Aktualität wegen interessieren wird, das gewiß aber auch manchen fesselt durch seine dichterischen Qualitäten, denen die gute Uebersetzung von August Scholz durchaus gerecht wird.

Breslauer Zeitung

Das Buch muß in Rußland auf alle diejenigen, die Angehörige, Freunde oder Bekannte im Kriege haben, mit furchtbarer, niederschmetternder oder aufreizender Kraft wirken. Die Schrecken des Krieges und seine Wirkungen auf die Psyche werden mit den grausamsten und loderndsten Farben geschildert. Selbst das Auge des Unbeteiligten schließt sich vor Entsetzen, seine Kehle schnürt sich zusammen, wenn er diese Fragmente liest. Der Wahnsinn, mit dem der Krieg allmählich seine Streiter schlägt, der Wahnsinn, der bis nach Rußland übergreift und das Volk würgt, wächst in dieser Dichtung immer gespenstischer und gräßlicher empor, bis das »rote Lachen« so gellend aufschwillt, daß man nichts anderes mehr hört und flüchten möchte. In diesem Buch steckt eine unheimliche, schauerliche Kraft, die man dem weichen Andrejew, der sonst die feinsten und zartesten Seelenzustände schildert, nicht zugetraut hätte. Ein Zeichen dafür, daß der wahnsinnige, ohne Not heraufbeschworene Krieg, der rauchende Ströme von unschuldigem Blut erfordert, selbst friedliche und träumerische Charaktere zu wildesten Anklägern aufpeitscht.

Der Hamburgische Korrespondent

Als Psycholog reiht sich Andrejew mit seinem neuesten Erzeugnis würdig Dostojewski an. Und der Mann, der solches geschrieben hat, einer der wenigen bedeutenden Schüler Friedrich Nietzsches, ist in Moskau eingekerkert worden. Die »antimilitärische Tendenz«, die die Gewalthaber in dieser Skizzenreihe gewiß vor allem erblickten, hat möglicherweise das Schicksal des Dichters bestimmt. Aber wozu nach Ursachen und Beweggründen suchen? In Rußland gehen jetzt alte Formen zugrunde, Formen, an die sich die Menschen gewöhnt haben; und diese sind verwirrt, sie können's nicht überwinden. Ein schwerlastender Nebel lagert sich auf sie. Sie wissen nicht, was sie tun. Das rote Lachen! ...

Die Welt am Montag

»Das rote Lachen,« dieses erschütternde Buch Leonid Andrejews, von August Scholz meisterlich ins Deutsche übertragen ... protestiert wuchtiger denn irgend eine Lehrschrift gegen die Greuel des Krieges. »Das rote Lachen« ist der Wahnsinn, der die von Blut überschwemmte Welt erfaßt, der Wahnsinn, der aus guten und gebildeten Menschen Mörder und Räuber macht.

Leipziger Tageblatt

Leonid Andrejew hat den Massenwahnsinn, der ein Heer, ein Land, die ganze Menschheit vielleicht umfängt, zum Gegenstand seiner neuen Arbeit gewählt. Aus diesen Aufzeichnungen, die in abgerissenen Skizzen ein nervenerschütterndes Gemälde aus der Kriegszeit geben, erhebt sich etwas Furchtbares, das uns mit verzerrten Zügen angrinst: die Erkenntnis von der entsetzlichen Wirkung, die die äußeren Ereignisse, die infernalische Hitze, der unablässige Regen usw. auf Geist und Körper ausüben, vor allem aber das Bewußtsein, daß die Schrecknisse des Krieges eigentlich Begleiterscheinungen einer abgestorbenen oder absterbenden Kultur sind.

Wiener Montagspost

In Andrejews fragmentarischen Bildern erreichen die grauenhaften Folgeerscheinungen des gegenwärtig tobenden russisch-japanischen Krieges jenen Höhepunkt, in welchem der große spanische Meister Francisco Goya vor Jahren die Tragödie seines Volkes im Kampfe gegen Napoleon darstellte. Im »roten Lachen« langte Andrejew auf den Grund des menschlichen Schmerzes, und so schuf er in seinem russischen »Debacle« eine wahrhaft empfundene Dichtung des Mißgeschicks.

Stettiner Zeitung

Andrejews »Rotes Lachen« ist ein mutiger Protest gegen die Greuel des Krieges und ein beredtes Zeugnis für das Volksempfinden, das ihn verurteilt.

Münchener Post

Das Buch ist ein unerhört wuchtiges Pamphlet gegen den Wahnwitz des Völkermordes.

Über tredition

Eigenes Buch veröffentlichen

tredition wurde 2006 in Hamburg gegründet und hat seither mehrere tausend Buchtitel veröffentlicht. Autoren veröffentlichen in wenigen leichten Schritten gedruckte Bücher, e-Books und audio-Books. tredition hat das Ziel, die beste und fairste Veröffentlichungsmöglichkeit für Autoren zu bieten.

tredition wurde mit der Erkenntnis gegründet, dass nur etwa jedes 200. bei Verlagen eingereichte Manuskript veröffentlicht wird. Dabei hat jedes Buch seinen Markt, also seine Leser. tredition sorgt dafür, dass für jedes Buch die Leserschaft auch erreicht wird.

Im einzigartigen Literatur-Netzwerk von tredition bieten zahlreiche Literatur-Partner (das sind Lektoren, Übersetzer, Hörbuchsprecher und Illustratoren) ihre Dienstleistung an, um Manuskripte zu verbessern oder die Vielfalt zu erhöhen. Autoren vereinbaren direkt mit den Literatur-Partnern die Konditionen ihrer Zusammenarbeit und partizipieren gemeinsam am Erfolg des Buches.

Das gesamte Verlagsprogramm von tredition ist bei allen stationären Buchhandlungen und Online-Buchhändlern wie z. B. Amazon erhältlich. e-Books stehen bei den führenden Online-Portalen (z. B. iBookstore von Apple oder Kindle von Amazon) zum Verkauf.

Einfach leicht ein Buch veröffentlichen: **www.tredition.de**

Eigene Buchreihe oder eigenen Verlag gründen

Seit 2009 bietet tredition sein Verlagskonzept auch als sogenanntes "White-Label" an. Das bedeutet, dass andere Unternehmen, Institutionen und Personen risikofrei und unkompliziert selbst zum Herausgeber von Büchern und Buchreihen unter eigener Marke werden können. tredition übernimmt dabei das komplette Herstellungs- und Distributionsrisiko.

Zahlreiche Zeitschriften-, Zeitungs- und Buchverlage, Universitäten, Forschungseinrichtungen u.v.m. nutzen diese Dienstleistung von tredition, um unter eigener Marke ohne Risiko Bücher zu verlegen.

Alle Informationen im Internet: **www.tredition.de/fuer-verlage**

tredition wurde mit mehreren Innovationspreisen ausgezeichnet, u. a. mit dem Webfuture Award und dem Innovationspreis der Buch Digitale.

tredition ist Mitglied im Börsenverein des Deutschen Buchhandels.

Dieses Werk elektronisch lesen

Dieses Werk ist Teil der Gutenberg-DE Edition DVD. Diese enthält das komplette Archiv des Projekt Gutenberg-DE. Die DVD ist im Internet erhältlich auf **http://gutenbergshop.abc.de**